JN094909

改訂版 教科書にそって学べる

国語教科書プリントの特色と使い方 光村図書版

新教材を追加して全面改訂！ 教科書にそって使えます。

・教科書と同じ配列なので，授業の進度に合わせて使えます。
・目次の 教科書 マークがついている単元は教科書の本文が掲載されていませんので，教科書をよく読んで学習しましょう。

豊かな読解力や確かな言葉の力がつきます。

・文学作品や説明文の問題がたくさん掲載されているので，豊かな読解力がつきます。
・ことばや文法の練習問題をさまざまな形式で出題しているので，確かなことばの力がつきます。
・漢字は，読み・書きの両方が学習出来るので，とても使いやすく力もつきます。

予習・復習やテスト対策にもばっちりです。

・教科書に合わせて，基礎・基本的な問題から，活用力を必要とする問題まで掲載されているので，ご家庭や学校での予習・復習に最適です。また，テストに出やすい問題がたくさん掲載されています。

わかりやすい設問・楽しいイラストで学習意欲も向上します。

・設問は，できる限り難しい言葉を使わないようにしています。また，ところどころに楽しいイラストを入れました。
・A4 サイズのプリントになっているので，文字も読みやすく，解答欄も広々していて書きやすいです。
（A4 → B4 に拡大して使用していただくと，もっと広々使えます。）
・一日一ページ，集中して楽しく学習できるよう工夫されています。

1年　目次

※ 教科書 …このマークのある単元は教科書を読んでやりましょう。

なまえ

せんを　なぞってみよう。

なまえ

せんを　なぞってみよう。

はるが　きた

なまえ

そらの　たび　ふわり　きらきら　どんな　ものを　みつけたかな。

なんて　いおうかな

なまえ

あかるい　こえで　あいさつ　しよう。

①　あさ
ともだちに
あいました。

おはよう

②　あさ
せんせいに
あいました。

おはようございます

③　じゅぎょうちゅう
てを　あげました。

はい

④　しょくいんしつへ
いきました。

しつれいします

⑤　やすみじかんに
ともだちが
ころびました。

だいじょうぶ

⑥　じゅぎょうが
おわり
ともだちと
わかれます。

さようなら

かく　こと　たのしいな

なまえ

えんぴつ　つまんで
もちあげて
すうっと　たおして
なかゆび　まくら
きちんと　じょうずに
もてたかな

えんぴつの　もちかた

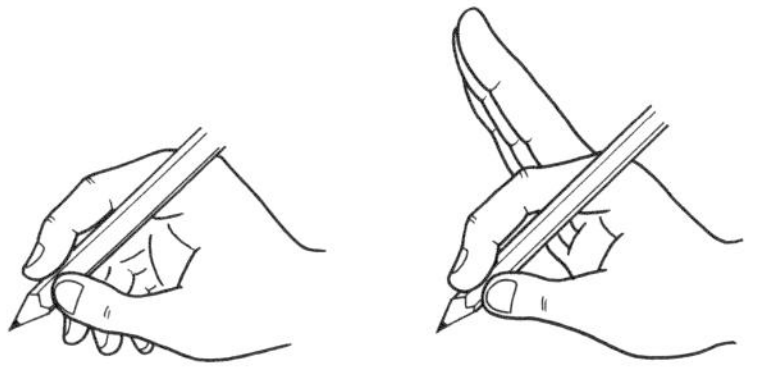

（令和六年度版　光村図書　こくご　一上　かざぐるま「かく　こと　たのしいな」による）

あしは　ぺったん
せなかは　ぴん
おなかと　せなかに
ぐう　ひとつ
かみを　おさえて
さあ　かこう

ただしい　しせい

（令和六年度版　光村図書　こくご　一上　かざぐるま「かく　こと　たのしいな」による）

(1)　えんぴつを　きちんと　もって　せんを　なぞりましょう。

(2)　あなたの　すきな　おはなしは　なんですか。だいめいを　いって　みましょう。

どうぞ　よろしく

なまえ

(1) あなたは　いちねん　なんくみですか。ゆっくり　ていねいに　かいて　みましょう。

※ みぎききの　ひとは　みぎの　ますに、ひだりききの　ひとは　ひだりの　ますに　かきましょう。

いちねん　くみ

(2) あなたの　なまえを　ゆっくり　ていねいに　かきましょう。

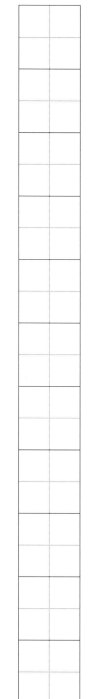

うたに あわせて あいうえお (1)

なまえ

(1) くちを おおきく あけて
よみましょう。

あかるい
あさひだ
あいうえお

いい こと
いろいろ
あいうえお

うたごえ
うきうき
あいうえお

えがおで
えんそく
あいうえお

おいしい
おむすび
あいうえお

☆ ぶんの いちばん うえの じを
のこして ほかを かくして みよう。
よめるかな。

（令和六年度版 光村図書 こくご 一上 かざぐるま「うたに あわせて あいうえお」による）

(2) くちの かたちに あう
ひらがなを せんで むすびま
しょう。

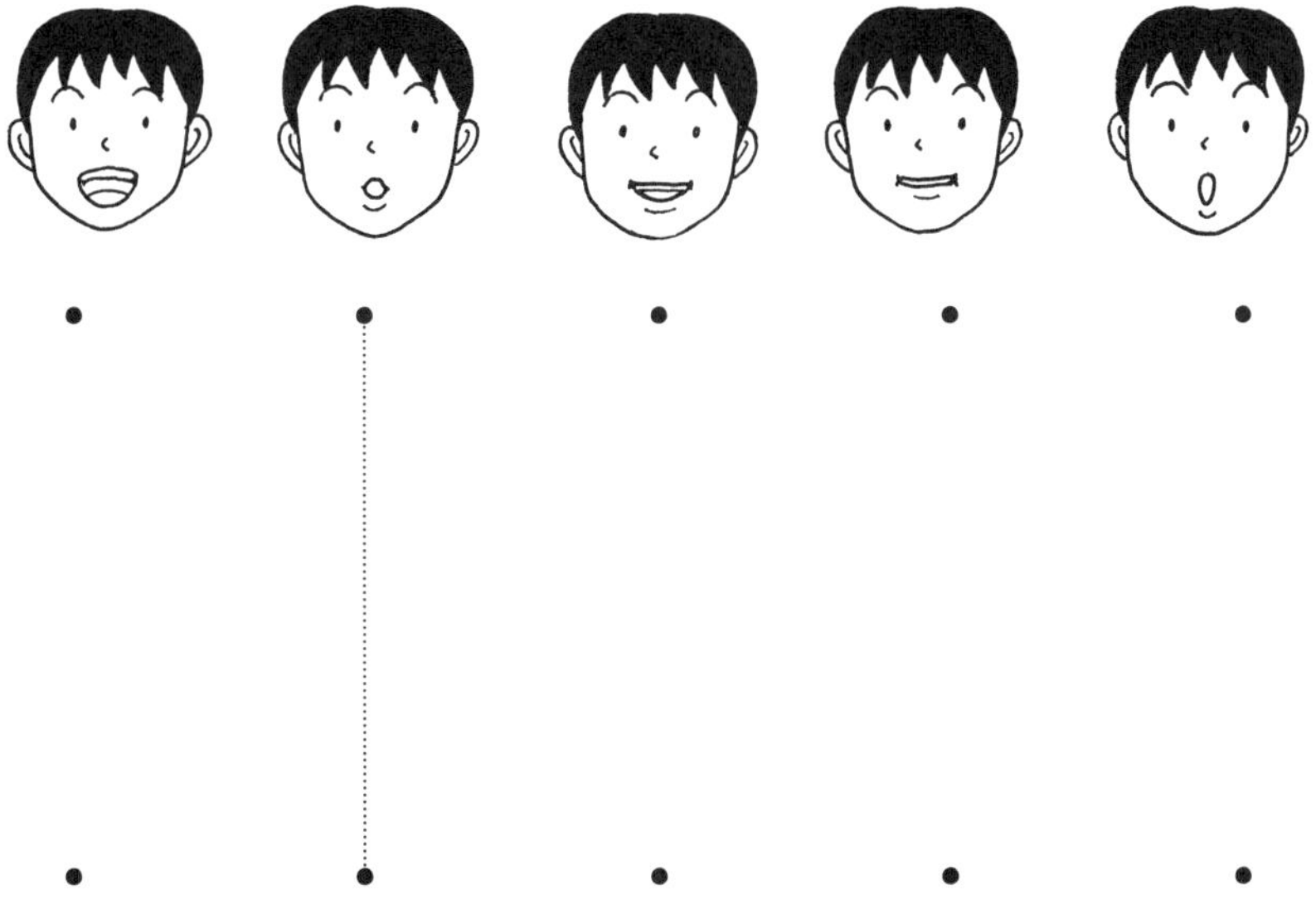

お　あ　い　う　え

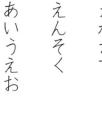

うたに　あわせて　あいうえお　(2)

なまえ

(1)　あいうえお　を　かきましょう。

あいうえお

(2)　つぎの　なまえを　かきましょう。

り

す

し

き

に

み

ぬ

きわ

んとつ

にぎり

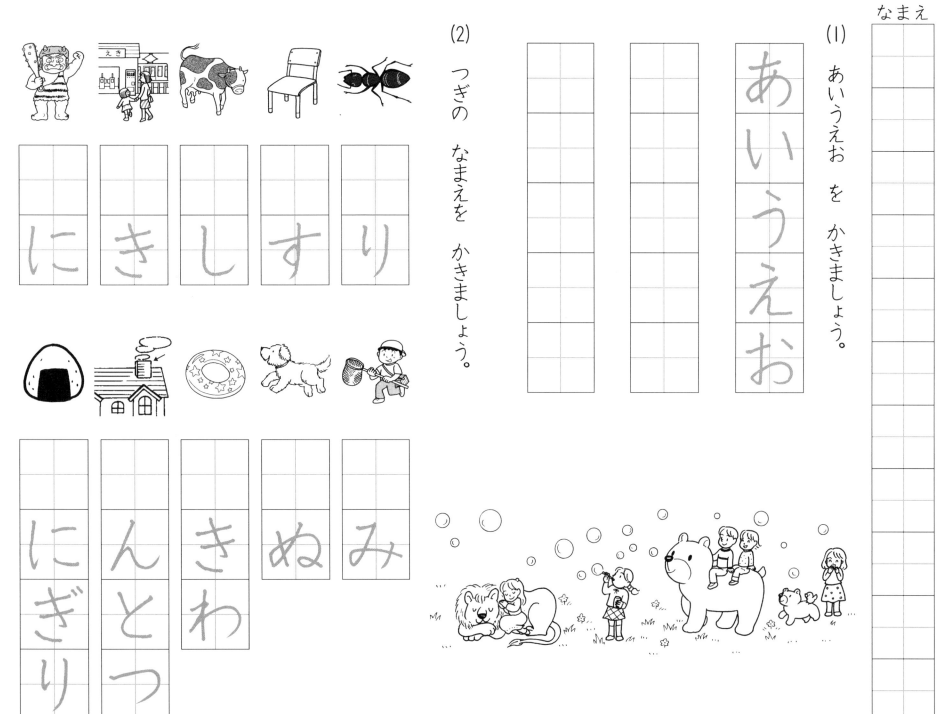

あさの　おひさま

なまえ

あさの　おひさま

あさの　おひさま
おおきいな
のっこり　うみから
おきだした

あさの　おひさま
あかい　かお
ざぶんと　うみで
あらったよ

（令和六年度版　光村図書　こくご　一上　かざぐるま　かんざわ　としこ）

● うえの　しを　よんで　こたえましょう。

(1) あさの　おひさまは　どんな　おひさまですか。ひとつ　○を　つけましょう。　㉕

（　）きれいな　おひさま
（　）ちいさい　おひさま
（　）おおきい　おひさま

(2) おひさまは　どこから　おきだしましたか。　㉕

(3) おひさまは　どんなふうに　おきだしましたか。　㉕

(4) おひさまの　かおは　なにいろですか。ひとつ　○を　つけましょう。　㉕

（　）あおいろ
（　）あかいろ
（　）しろいろ

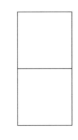

はなの みち

なまえ

くまさんが、
ふくろを　みつけました。
「おや、なにかな。
いっぱい
はいって　いる。」

くまさんが、ともだちの
りすさんに、
ききに　いきました。

くまさんが、
ふくろを　あけました。
なにも　ありません。
「しまった。
あなが　あいて　いた。」

あたたかい　かぜが
ふきはじめました。

ながい　ながい、
はなの
いっぽんみちが
できました。

（令和六年度版　光村図書　こくご　一上　かざぐるま　おか　のぶこ）

● うえの　ぶんを　よんで　こたえましょう。

(1) くまさんは　ふくろを　みつけた　とき　なんと　いいましたか。（25）

「おや、［　　　　］。
いっぱい　はいって　いる。」

(2) くまさんは　だれに　ききに　いきましたか。（25）

ともだちの［　　］さん

(3) ふくろを　あけたとき　なにも　なかったのは　なぜですか。（15×2）

ふくろに［　　］が［　　　］いたから。

(4) ひだりの　えが　おはなしの　じゅんに　なるように　○に　ばんごうを　かきましょう。（20）

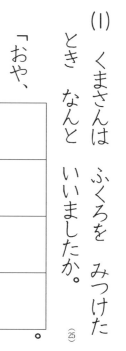

かきと　かぎ

なまえ

(1) □゛を　つけると　どんな　ことばに　なりますか。

① 

かき

↓

かぎ

② 

↓

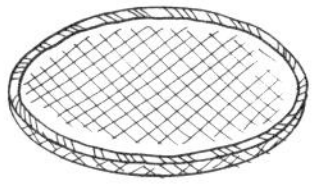

③ 

こま

↓

④ 

らす

↓

らす

(2) つぎの　なまえを　□゛に　ちゅういして　かきましょう。

① 

② 

③ 

● つぎの　なまえを　いいましょう。

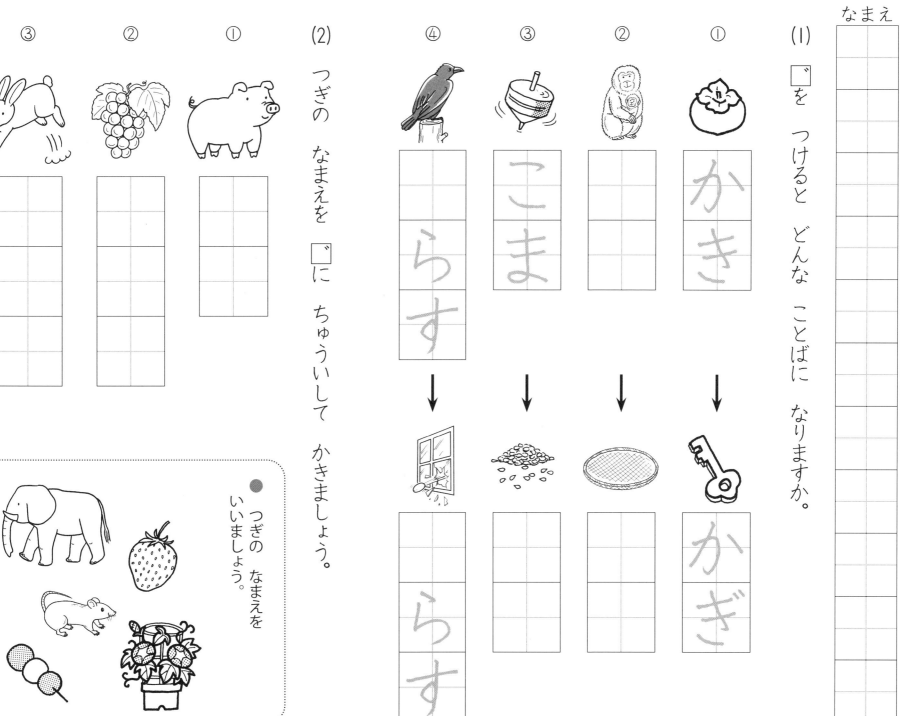

ぶんを つくろう
ねこと ねっこ

なまえ

(1) えを みて ぶんを つくりましょう。

① 

とりが とぶ。

② 

③ 

(2) つぎの なまえを かきましょう。

① 

ね

② 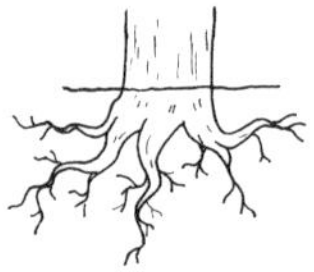

こ

③ 

き

④ 

て

(3) つぎの なまえを っ や ゜ に きを つけて かきましょう。

① 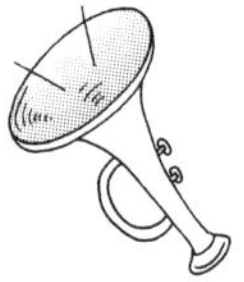

らっぱ

② 

き

③ 

し

④ 

は

⑤ 

ら

⑥ 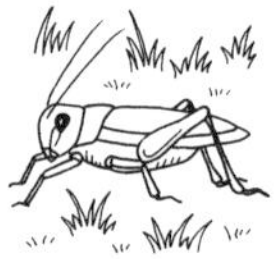

ば

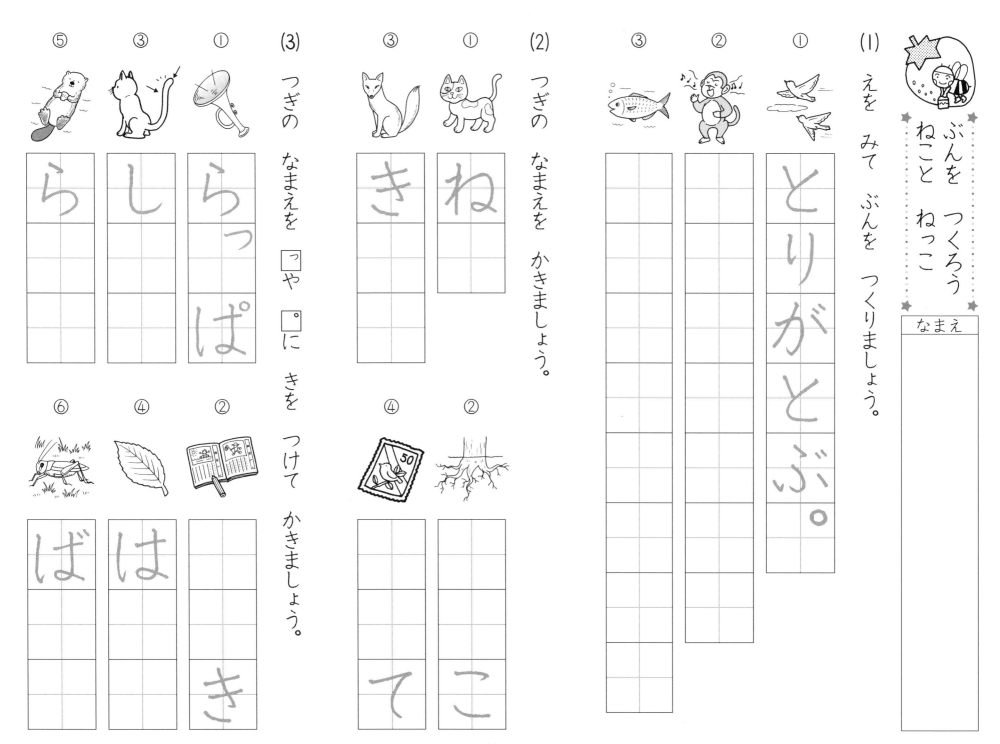

わけを　はなそう

なまえ

● どの　どうぶつが　みたいですか。ひだりの　えから　えらんで　□に　かきましょう。その　わけを　はなしましょう。

① ぼくは　□　が　みたいです。
なぜかと　いうと　□　が　□　からです。

② わたしは　□　が　みたいです。
どうしてかと　いうと　□　が　□　からです。

おばさんと おばあさん

なまえ

(1) えに あう ことばを かきましょう。

① おばさん

② おばあさん

③ ゆうやけ

④ おねえさん

⑤ ほうき

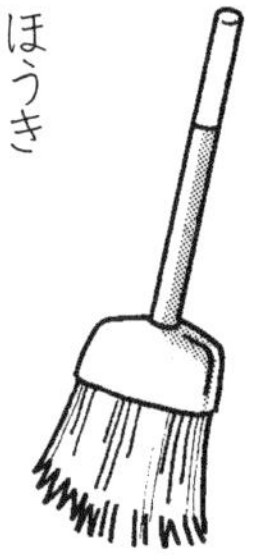

(2) 「へ」を つかった ぶんを かきましょう。

① こうえんへいく。

② ゆうえんちへいく。

あいうえおで あそぼう (1)

なまえ

※ みぎききの ひとは みぎの ますに、ひだりききの ひとは ひだりの ますに かきましょう。

あいうえお
かきくけこ
さしすせそ
たちつてと
なにぬねの

(1) うえの ひょうに ひらがなを かきましょう。

(2) しりとりを しましょう。
○の なかに ひらがなを かきましょう。

①

○ ○ ○
る ← ら ← い
○ ○ ○

②

○ ○ ○
ぬ ← つ ← ○
○ ね

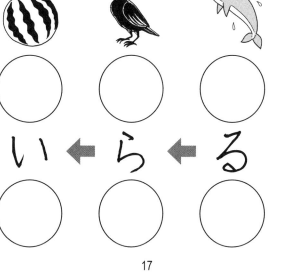

あいうえおで あそぼう (2)

なまえ

※ みぎききの ひとは みぎの ますに、ひだりききの ひとは ひだりの ますに かきましょう。

は	ま	や	ら	わ	ん
ひ	み	(い)	り	(い)	
ふ	む	ゆ	る	(う)	
へ	め	(え)	れ	(え)	
ほ	も	よ	ろ	を	

(1) うえの ひょうに ひらがなを かきましょう。

(2) しりとりを しましょう。○の なかに ひらがなを かきましょう。

①

○○ご

ごり○

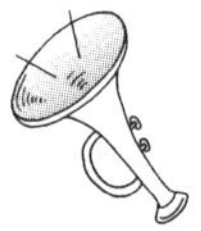

○つ○

②

○ち○つ

○○き

○○ぎょ

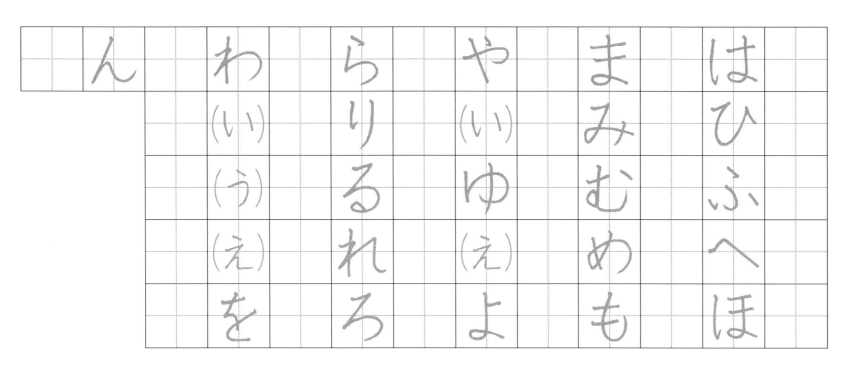

つぼみ (1)

なまえ

ふうせんのような
かたちを した
つぼみです。
これは、
なんの つぼみでしょう。

これは、ききょうの
つぼみです。
さきのほうから
いつつに わかれて、
ひらいて いきます。
そして、とちゅうからは
つながった まま、
はなが さきます。

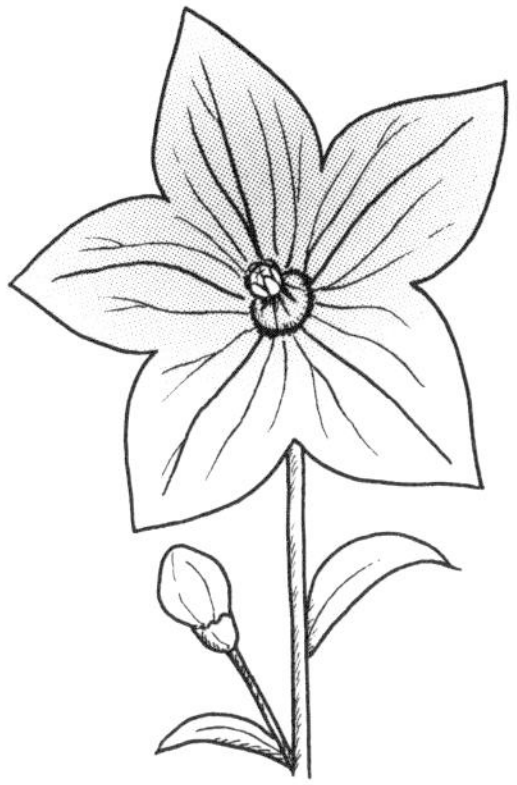

（令和六年度版 光村図書 こくご 一上 かざぐるま かわきた あつし）

● うえの ぶんを よんで こたえましょう。

(1) どんな つぼみですか。（20×2）

□□□□ のような
□□□ を した
つぼみ。

(2) これは、なんの つぼみですか。（20）

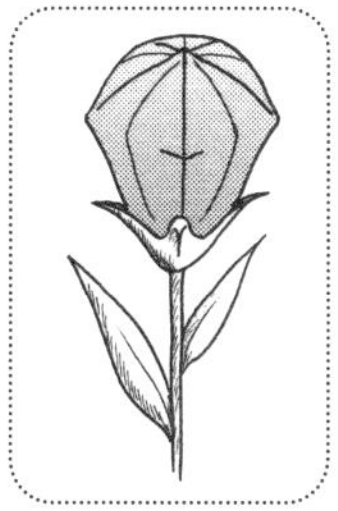

これは、
□□□□ の
つぼみです。

(3) さきの ほうから いくつに わかれて ひらいて いきますか。（20）

□□□

(4) とちゅうからは どのように はなが さきますか。ひとつに ○を つけましょう。（20）

（ ）ごまいに わかれて はなが さく。
（ ）ふうせんのように まるい はなが さく。
（ ）つながった まま はなが さく。

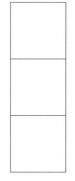

つぼみ (2)

なまえ

● えを みて、「は」を つかった ぶんを かきましょう。

① これは、なんの はなでしょう。

これは、あさがおの

はなです。

② これは、なんの はなでしょう。

これは、ぞうの

はなです。

③ これは、なんの たねでしょう。

ひまわり

④ これは、なんの くちばしでしょう。

おうむ

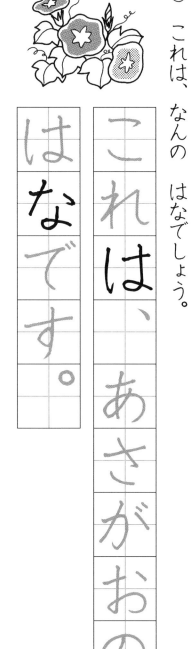

おもちゃやと おもちゃ

なまえ

(1) えを みて、ひらがなで ことばを かきましょう。 (9×10)

①  こうちゃ

②  くじゃく

③  きんぎょ

④  あくしゅ

⑤  じょうろ

④  ひょう

⑦  きゅうしょく

⑧  ひょっとこ

⑨  ぎゅうにゅう

⑩  100ぴき

ひつじが

(2) えを みて、ただしい ことばに ○を つけましょう。 (5×2)

① 

( )じてんしや

( )じてんしゃ

② 

( )しよっき

( )しょっき

( )しよつき

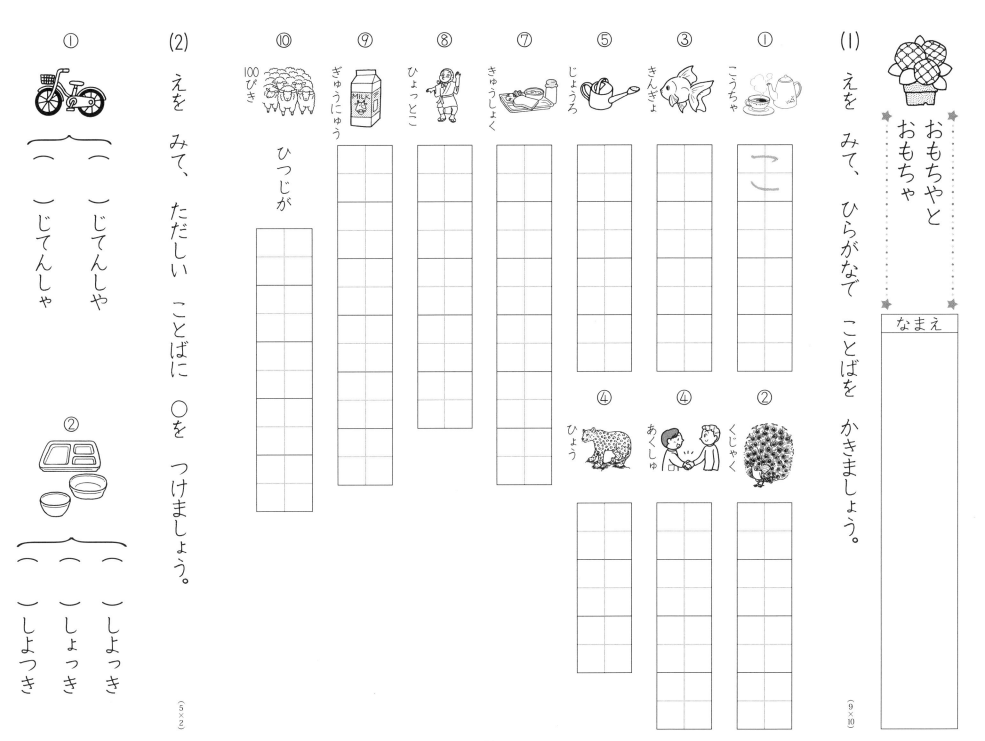

おおきく なった

なまえ

● あさがおの かんさつで、わかったことを カードに かきました。
つぎの カードの ぶんしょうを よんで こたえましょう。

◯がつ ◯にち

はっぱが でたよ

うえもり ゆき

ふたばが でました。
ほんばも でました。
ほんばは わたしの
てと おなじぐらいの
おおきさです。

(1) どんな はっぱが でましたか。 ふたつ かきましょう。

□□□ と □□□

(2) ほんばは どのぐらいの おおきさですか。ひとつに ○を つけましょう。

（ ）ふたばと おなじぐらいの おおきさ。
（ ）わたしの てと おなじぐらいの おおきさ。
（ ）こくごの きょうかしょと おなじぐらいの おおきさ。

おおきな　かぶ　(1)

なまえ

おばあさんは、　まごを
よんで　きました。
かぶを
おじいさんが　ひっぱって、
おばあさんを
おばあさんが　ひっぱって、
おばあさんを
まごが　ひっぱって、
「うんとこしょ、
どっこいしょ。」
やっぱり　かぶは
ぬけません。

(令和六年度版　光村図書　こくご　一上　かざぐるま　ロシアみんわ　さいごう　たけひこ　やく)

● うえの　ぶんを　よんで　こたえましょう。

(1) おばあさんは　だれを　よんで　きましたか。 ⑳

(2) おじいさんは　なにを　ひっぱり　ましたか。 ⑳

(3) おばあさんは　だれを　ひっぱり　ましたか。 ⑳

(4) まごは　だれを　ひっぱり　ましたか。 ⑳

(5) かぶは　どうなりましたか。 ⑳

。

おおきな かぶ (2)

なまえ

ねこは、ねずみを
よんで きました。

かぶを
おじいさんが ひっぱって、
おじいさんを
おばあさんが ひっぱって、
おばあさんを
まごが ひっぱって、
まごを
いぬが ひっぱって、
いぬを
ねこが ひっぱって、
ねこを
ねずみが ひっぱって、
「うんとこしょ、
どっこいしょ。」

とうとう、
かぶは ぬけました。

（令和六年度版 光村図書 こくご 一上 かざぐるま ロシアみんわ さいごう たけひこ やく）

● うえの ぶんを よんで こたえましょう。

(1) ねこは、だれを よんで きましたか。 (20)

(2) かぶを ひっぱった じゅんに なるように したの ┆┆ から えらんで あいうえおを □に かきましょう。 (12×5)

かぶ ← □ ← □ ← □ ← いぬ ← □ ← □

あ ねずみ
い ねこ
う まご
え おばあさん
お おじいさん

(3) かぶは どうなりましたか。 (20)

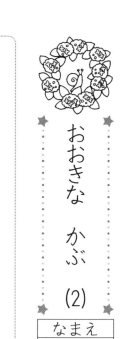

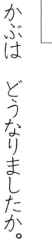

㋩㋾㋬を つかおう (1)

なまえ

えを みて ぶんを つくりましょう。

①

わには、あるく。

②

、はしる。

③

つ、とりだ。

④

を、たべる。

⑤

、あらう。

⑥

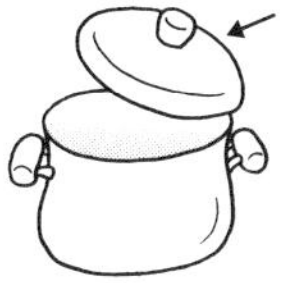

、あける。

⑦

へ、まがる。

⑧

、いく。

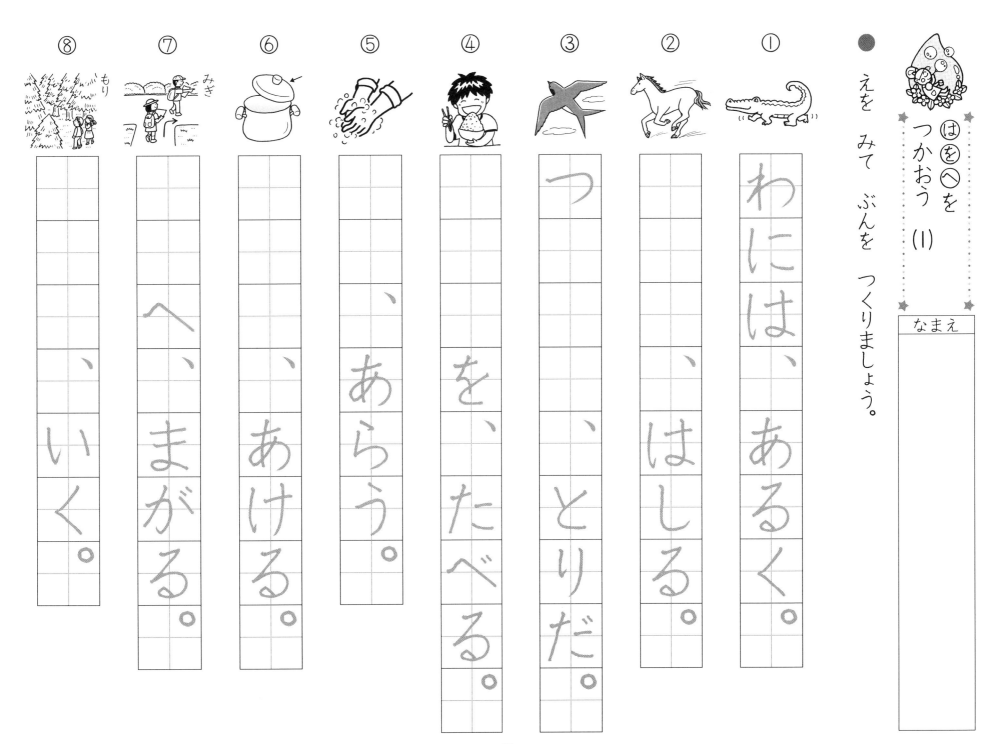

ⓗⓞⓗをつかおう（2）

はをへを つかおう (2)

なまえ

(1) えを みて ぶんを つくりましょう。

①  わには □ を □。

②  わたしは □ を □。

③  ぼくは □ へ □。

④  ぼくは □ へ □。

(2) □に あう じを えらんで かきましょう。

① □（わ・は）には いえ□（え・へ） かえります。

② □（お・を）かあさんを □（え・へ）き□（え・へ） むか□（え・へ）に いきます。

③ □（お・を）じいさんは やま□（え・へ） しばかりに、
□（お・を）ばあさんは かわ□（え・へ） せんたくに いきました。

④ きいろい□（わ・は）な□（わ・は）、ひまわりです。

⑤ □（わ・は）たし□（わ・は） な□（わ・は）とびを しました。

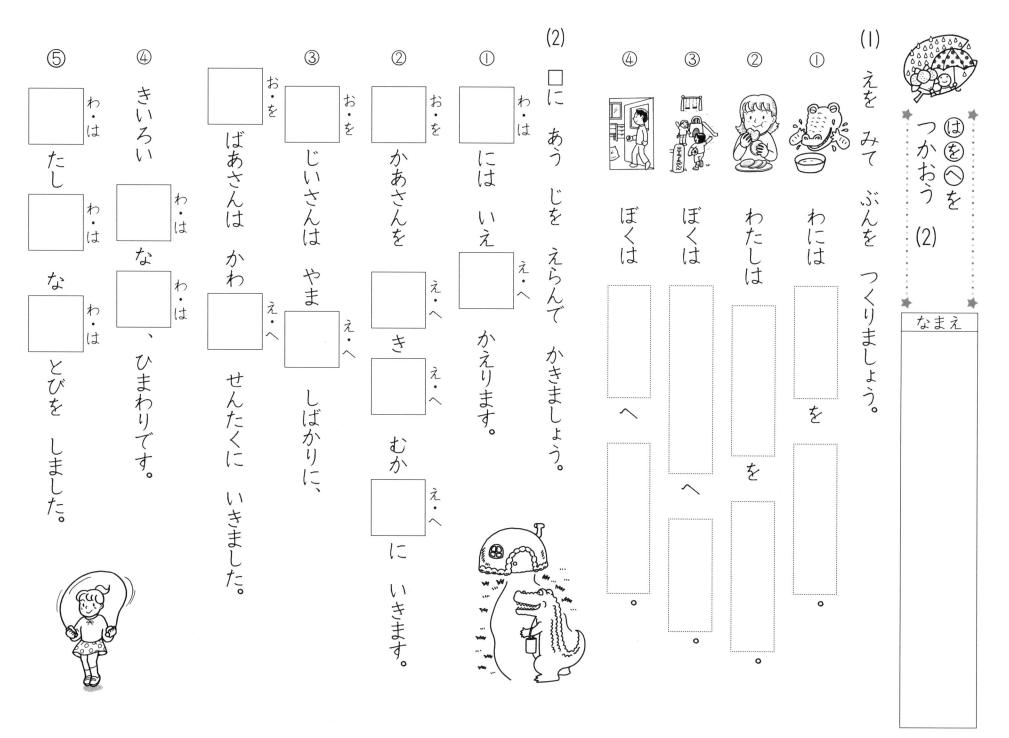

すきな こと、なあに

なまえ

(1) つぎの ぶんを てん・まる・ますめに きを つけて かきましょう。

※みぎききの ひとは みぎの ますに、ひだりききの ひとは ひだりの ますに かきましょう。

いずみ あきと

ぼくは、えをかくことがすきです。たくさんのいろでかくと、たのしいからです。

（令和六年度版 光村図書 こくご 一上 かざぐるま「すきな こと、なあに」による）

(2) したの ぶんを よこの ますに かきましょう。

わたしは、たべることがすきです。たべると、げんきがでるからです。

おむすび　ころりん　(1)

なまえ

これは　これは　おもしろい。
ふたつめ　ころんと　ころがすと、
きこえる　きこえる　おなじ　うた。
おむすび　ころりん　すっとんとん。
ころころ　ころりん　すっとんとん。

おなかが　すいてる　ことなんか、
わすれて　しまった　おじいさん。
うたに　あわせて　おどりだす。
おむすび　ころりん　すっとんとん。
ころころ　ころりん　すっとんとん。

（令和六年度版　光村図書　こくご　一上　かざぐるま　はそべ　ただし）

● うえの　ぶんを　よんで　こたえましょう。

(1) これは　これは　おもしろい。とは　なにが　おもしろいのですか。○を　つけましょう。（10）

（　）うたに　あわせて　おどりだすこと。

（　）おむすびを　あなの　なかに　ころがすと　うたが　きこえること。

(2) おじいさんは　どんな　ことを　わすれて　しまったのですか。（15×2）

□□□ が □□□□ こと。

(3) おじいさんは　どんな　うたに　あわせて　おどりだしましたか。かきましょう。（15×4）

おむすび □□□□
□□□□□□。
ころりん □□□□
□□□□□□。

おむすび ころりん (2)

なまえ

とうとう あしを すべらせて、
じぶんも あなへ すっとんとん、
ねずみの おうちに とびこんだ。
おじいさん ころりん すっとんとん。
おむすび たくさん ㋐ありがとう。
おいしい ごちそう さあ どうぞ。
ねずみの おどりを みて ください。
おれいに こづちを あげましょう。

おれいの こづちを てに もって、
おうちに かえって おばあさんと、
おどった おどった すっとんとん。
こづちを ふり ふり すっとんとん。

すると どう した ことだろう。
こづちを ふる たび、
あれ あれ あれ、
しろい おこめが ざあらざら。
きんの こばんが ざっくざく。

それから ㋑ふたりは いつまでも、
なかよく たのしく くらしたよ。
おむすび ころりん すっとんとん。
ころころ ころりん すっとんとん。

（令和六年度版 光村図書 こくご 一上 かざぐるま はそべ ただし）

● うえの ぶんを よんで こたえましょう。

(1) だれが だれに ㋐ありがとうと いって いますか。（16×2）

□ が □ に ありがとうと いって いる。

(2) おじいさんは、ねずみから おれいに なにを もらいましたか。（16）

□□□

(3) こづちを ふる たび なにが でて きましたか。ふたつ かきましょう。（10×2）

・□□ い □□□

・□□ の □□□

(4) ㋑ふたり とは、だれと だれの ことですか。（16×2）

□ と □

こんな ことが あったよ

なまえ

● つぎの ぶんを よんで こたえましょう。

せんこうはなび

あべ つぐみ

わたしは、どようびに、にわで、かぞくとはなびをしました。

せんこうはなびが、とてもきれいでした。いつまでもみていたいとおもいました。

（令和六年度版 光村図書 こくご 一上 かざぐるま 「こんな ことが あったよ」による）

(1) あべさんが した ことは なんですか。

□□□

(2) どこで しましたか。

□□

(3) だれと しましたか。

□□□

(4) あべさんは どんなことを おもいましたか。ふたつ かきましょう。

・せんこうはなびが、□□□□□□でした。

・□□□□□と おもいました。

としょかんと なかよし

なまえ

(1) ほんが たくさん おいて ある ところは どこですか。□から えらんで かきましょう。

たいいくかん
きゅうしょくしつ
としょかん

（　　　　　　　　）

(2) ほんを みて みましょう。あの ところと いの ところは なんと いいますか。――せんで むすびましょう。

あ・　　・ひょうし

い・　　・だいめい

(3) あなたは どんな ほんが よみたいですか。よみたい ほんの なまえを かきましょう。

（　　　　　　　　）

(4)

ほんを よんだ ときや、よんで もらった ときは、だいめいや、よんだ ひを「どくしょかあど」に かいて おきましょう。

どんな ことを かくと いいですか。あてはまる ことばを あいうから えらんで、□に、あいうを かきましょう。

どくしょかあど	
6/25	7/1
ちいさいおうち	けんだましょうぶ
○	◎

□あ（7/1）　□（けんだましょうぶ）　□（◎）

あ よんだ ひ

い おもしろかった しるし

う だいめい

いちねんせいの うた

なまえ

いちねんせいの うた

あおい そらの こくばんに
なに かこう

うでを のばし
ちからを こめて
まっすぐ
いちねんせいの 一《いち》

ぼくも かく
わたしも かく
いちねんせいの 一
いちばん はじめの 一

おひさま みてる
かぜが ふく

(令和六年度版 光村図書 こくご一上 かざぐるま なかがわ りえこ)

● うえの しを よんで こたえましょう。

(1) こくばんは どこに ありますか。

(2) どのように かこうと いって いますか。

うでを 　　　、

ちからを 　　　 かく。

(3) まっすぐ なにを かくのですか。

の

(4) だれが みて いますか。

(5) おひさまは どんな きもちで みて いると おもいますか。あなたの おもった ことを かきましょう。

みんなに しらせよう

なまえ

ぼくは、まいにち、あさがおの みずやりを しました。なつやすみに、きれいな はなが、たくさん さきました。
はなは なにいろでしたか。
あかい いろでした。

● うえの ぶんを よんで こたえましょう。

(1) ぼくは まいにち なにを しましたか。

(2) いつ どんな はなが たくさん さきましたか。

いつ

どんな　　　はな

(3) みんなの まえで おはなしを します。おはなしの しかたで ただしいものに ふたつ ○を つけましょう。

(　)はやくちことばの ように はやく はなす。

(　)ききやすい こえの おおきさで はなす。

(　)みんなが ききやすい はやさで はなす。

(　)ないしょばなしを するときの ように ちいさな こえで はなす。

(4) あなたが たのしみに して いる ことや がんばって いる ことを みんなに はなしてみましょう。

（令和六年度版 光村図書 こくご一上 かざぐるま「みんなに しらせよう」による）

ことばを　みつけよう

なまえ

(1) （いぬ）の　ように、たてに　かくれている　ことばを　10こ　みつけて、（　）に　かきましょう。

い	ち	ね	ん	せ	い	う	み
ぬ	た	こ	お	ん	ぷ	し	か
あ	り	ま	く	ま	な	り	ん
ひ	と	え	き	ご	つ	と	そ
つ	け	も	ぐ	ら	や	り	ら
じ	い	も	だ	は	す	ず	め
え	ほ	ん	い	ち	み	い	だ
ひ	び	し	く	さ	ん	ぽ	か

(2) （あり）の　ように、よこに　かくれている　ことばを　10こ　みつけて、（　）に　かきましょう。

い	ち	ね	ん	せ	い	う	み
ぬ	た	こ	お	ん	ぷ	し	か
あ	り	ま	く	ま	な	り	ん
ひ	と	え	き	ご	つ	と	そ
つ	け	も	ぐ	ら	や	り	ら
じ	い	も	だ	は	す	ず	め
え	ほ	ん	い	ち	み	い	だ
ひ	び	し	く	さ	ん	ぽ	か

やくそく (1)

なまえ

「みんな、もっと　うえまで
のぼって、そとの
せかいを　みて　ごらん。」
(あ)あおむしたちは、いわれた
とおりに、のぼって
いきました。
いちばん　たかい　えだに
つくと、(い)さんびきは、めを
まるく　しました。
この　おおきな　木は、
はやしの　なかの　たった
いっぽんだったのです。
「ぼくら、こんなに　ひろい
ところに　いたんだね。」
「そらも、こんなに
ひろいんだね。」
とおくには、
うみが　みえます。

（令和六年度版　光村図書　こくご　一上　かざぐるま　こかぜ　さち）

● うえの　ぶんを　よんで　こたえましょう。

(1) (あ)あおむしたちは　どこまで　のぼって　いきましたか。

えだ

30

(2) (い)さんびきとは　だれの　ことですか。

たち

20

(3) (い)さんびきが、めを　まるく　したのは　なぜですか。

30

(4) とおくには、なにが　みえますか。

20

やくそく (2)

なまえ

あおむしたちは、まだ
うみを しりません。
「あの ひかって いる
ところは、なんだろう。」
さんびきは、えだに
ならぶと、せのびを
しました。
「きれいだね。
からだが ちょうに
かわったら、㋐あそこまで
とんで みたいな。」
「わたしも、あそこまで
とんで みたい。」
「それなら、みんなで
いこう。」
さんびきの あおむしは、
㋑やくそくを しました。
そして、くんねり
くんねり おりて
いきました。
木の はが、さらさら
そよいで います。

● うえの ぶんを よんで こたえましょう。

(1) あおむしたちが まだ しらない ことは なんですか。 ⑳

□□

(2) あおむしたちは、うみの ことを どんなところだと いって いますか。 ⑳

あの □□□□ いる ところ。

(3) あおむしは、からだが なにに かわったら ㋐あそこまで とんで みたいと いって いますか。 ⑳

□□□

(4) あおむしたちが した ㋑やくそく とは、どんな ことですか。あてはまる ことばを かきましょう。 ㊵

「それなら □□□□ □□□。」

（令和六年度版 光村図書 こくご 一上 かざぐるま こかぜ さち）

かたかなを みつけよう

なまえ

コップに ぎゅうにゅう
おさらに サラダ
パンには ジャムを
つけましょう
スープは スプーンで
のみましょう
ゼリーは しょくごの
おたのしみ

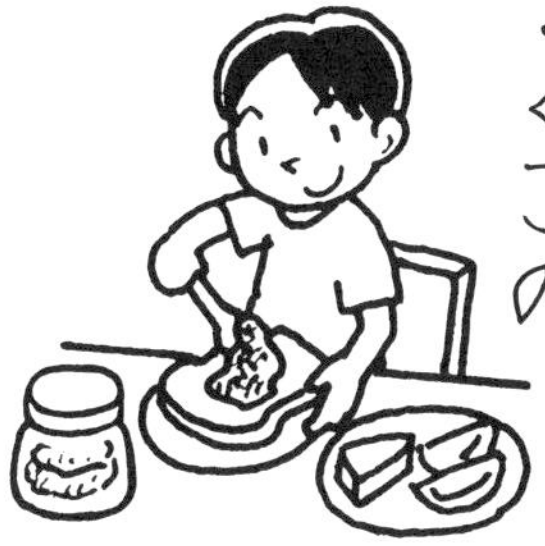

（令和六年度版 光村図書 こくご 一上 かざぐるま「かたかなを みつけよう」による）

(1) うえの ぶんの なかから かたかなを みつけて かきましょう。（10×7）

① コップ

②

③

④

⑤

⑥

⑦

(2) つぎの えを みて かたかなで なまえを かきましょう。（10×3）

①

②

③

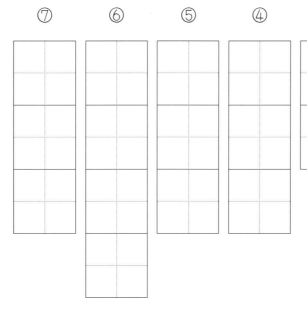

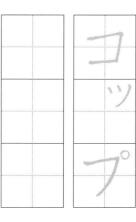

うみの　かくれんぼ

なまえ

たこは、からだの　いろを　かえる　ことが　できます。まわりと　おなじ　いろに　なって、じぶんの　からだを　かくします。

もくずしょいは、はさみで、かいそうなどを　小さく　きる　ことが　できます。かいそうなどを　からだに　つけて、かいそうに　へんしんするのです。

（令和六年度版　光村図書　こくご　一上　かざぐるま「うみの　かくれんぼ」による）

● うえの　ぶんを　よんで　こたえましょう。

(1) たこは　なにを　かえる　ことが　できますか。　㉕

(2) たこは　どうやって　じぶんの　からだを　かくしますか。ひとつに　○を　つけましょう。　㉕

（　）すなに　もぐって

（　）まわりと　おなじ　いろに　なって

(3) もくずしょいは　なにを　つかって　かいそうなどを　小さく　きりますか。　㉕

(4) もくずしょいは　なにに　へんしんするのですか。　㉕

かずと かんじ (1)

なまえ

(1) つぎの ぶんしょうを よみましょう。

一	いち（いっ）	ひとつ
二	に	ふたつ
三	さん	みっつ
四	し よん	よっつ
五	ご	いつつ
六	ろく（ろっ）	むっつ
七	しち なな	ななつ
八	はち（はっ）	やっつ
九	きゅう く	ここのつ
十	じゅう じっ（じゅっ）	とお

一つ たたくと、こぶたが 一ぴき。
二つ たたくと、こぶたが 二ひき。
三つ たたくと、こぶたが 三びき。
四つ たたくと、こぶたが 四ひき。
五つ たたくと、こぶたが 五ひき。
六つ たたくと、こぶたが 六ぴき。
七つ たたくと、こぶたが 七ひき。
八つ たたくと、こぶたが 八ひき。
九つ たたくと、こぶたが 九ひき。
十 たたくと、こぶたが 十ぴき。
のはらは、こぶたで いっぱいだ。

（令和六年度版　光村図書　こくご　一上　かざぐるま「かずと　かんじ」による）

(2) □に あてはまる ことばを かきましょう。

① おにぎりが 一 □

② おりがみが 三 □

③ にんじんが 六 □

④ くるまが 八 □

かずと かんじ (2)

なまえ

(1) □に かんじを れんしゅう しましょう。（　）に よみがなを かきましょう。

一（　）　二（　）

三（　）　四（　）

五（　）　六（　）

七（　）　八（　）

九（　）　十（　）

(2) かんじの よみがなを かきましょう。

一つ（　）　二つ（　）　三つ（　）

四つ（　）　五つ（　）　六つ（　）

七つ（　）　八つ（　）　九つ（　）

十（　）

(3) 〈れい〉に ならって、（　）に かぞえかたを かきましょう。

〈れい〉 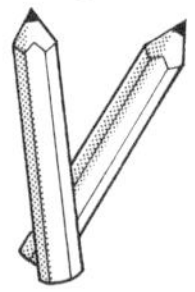 えんぴつ（二ほん）

① 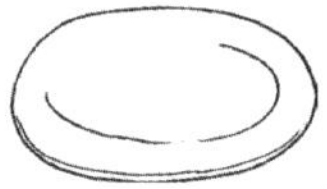 おさら（一まい）

②  じどうしゃ（　）

③  りんご（　）

④ 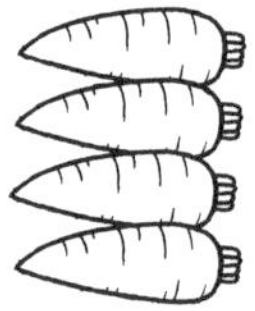 にんじん（　）

⑤  いぬ（　）

(4) えを みて にんずうを ひらがなで かきましょう。

① 

② 

③ 

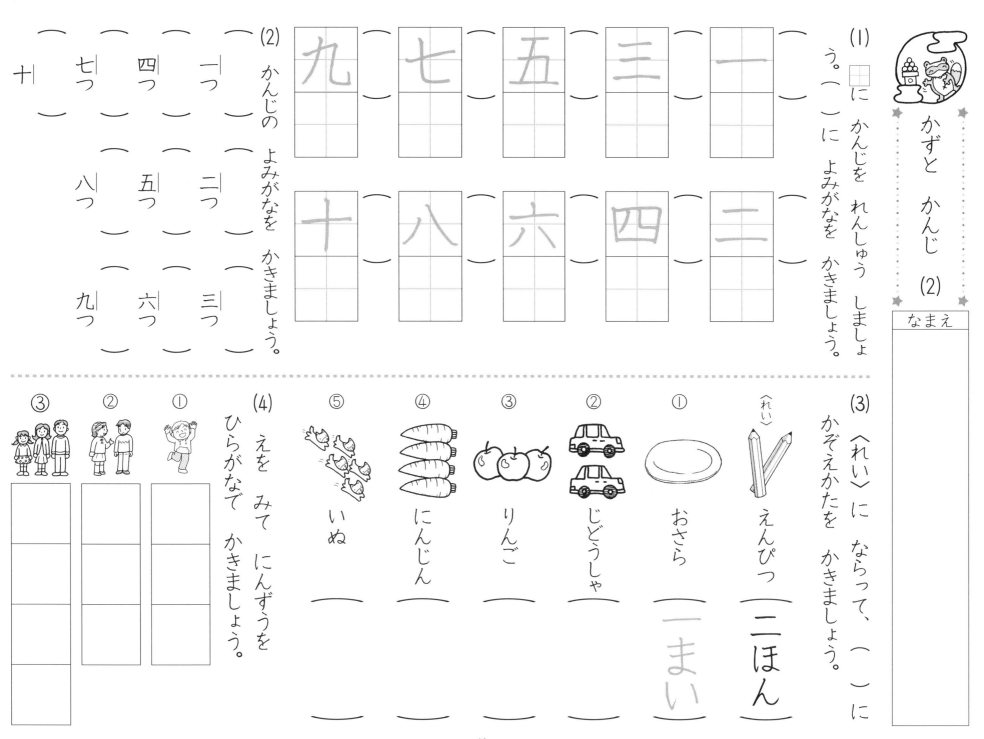

くじらぐも　(1)

なまえ

ⓐ「天まで　とどけ、一、二、三。」
こんどは、五十センチぐらい
とべました。
ⓘ「もっと　たかく。もっと
たかく。」
と、くじらが　おうえんしました。
ⓤ「天まで　とどけ、一、二、三。」
㋐その　ときです。
いきなり、
かぜが、みんなを　空へ
ふきとばしました。
そして、
㋑あっと　いう　まに、
先生と
子どもたちは、
手を　つないだ　まま、
くもの　くじらに
のって　いました。

ⓔ「さあ、およぐぞ。」
㋒くじらは、青い　青い
空の　なかを、
げんき　いっぱい
すすんで　いきました。
うみの　ほうへ、
むらの　ほうへ、
まちの　ほうへ。
㋓みんなは、
うたを　うたいました。
空は、どこまでも
どこまでも
つづきます。

（令和六年度版　光村図書　こくご　一下　ともだち　なかがわ　りえこ）

● 上の　文を　よんで　こたえましょう。

(1) ⓐⓘⓤⓔの　ことばは、だれが　いった　ことばですか。「みんな」か「くじら」の　どちらかを　かきましょう。（10×4）

ⓐ（　　　）　ⓘ（　　　）
ⓤ（　　　）　ⓔ（　　　）

(2) ㋐その　ときとは、どんな　ときですか。（10）

（　　　　　　）

(3) ㋑あっと　いう　まに、先生と　子どもたちは　どうなりましたか。（10）

（　　　　　　）

(4) ㋒くじらは、どこの　ほうへ　すすんで　いきましたか。三つ　かきましょう。（10）

（　　　）（　　　）（　　　）

(5) ㋓みんなは、どこで　うたを　うたいましたか。（10）

（　　　　　　）

くじらぐも (2)

なまえ

ⓐ「おや、もう　おひるだ。」
先生が　うでどけいを
みて、おどろくと、
ⓘ「では、かえろう。」
と、㋐くじらは、
まわれみぎを
しました。
　しばらく　いくと、
がっこうの　やねが、
みえて　きました。
くじらぐもは、
ジャングルジムの
うえに、みんなを
おろしました。
ⓤ「さようなら。」
みんなが
手を　ふった　とき、
四じかんめの
おわりの
チャイムが
なりだしました。
ⓔ「さようなら。」
くもの　くじらは、また、
げんき　よく、
青い　空の　なかへ
かえって　いきました。

（令和六年度版　光村図書　こくご　一下　ともだち　なかがわ　りえこ）

● 上の　文を　よんで　こたえましょう。

(1) ⓐ〜ⓔの　ことばは、だれが　いった　ことばですか。「先生」、「みんな」、「くじら」の　どれかを　かきましょう。（10×4）

ⓐ（　　　）　ⓘ（　　　）
ⓤ（　　　）　ⓔ（　　　）

(2) ㋐くじらは　なぜ　まわれみぎを　したのですか。（10）

（　　　）

(3) みんなが　手を　ふった　とき、なにが　なりだしましたか。（10）

（　　　）

(4) くもの　くじらは　どんなふうに　どこへ　かえって　いきましたか。（10×2）

① どんなふうに
（　　　）

② どこへ
（　　　）

(5) ㋐くじらを　べつの　いいかたで　あらわす　ことばを　うえの　ぶんから　二つ　さがして　かきましょう。（10×3）

（　　　）（　　　）

まちがいを なおそう

なまえ

(1) つぎの 文しょうを よんで こたえましょう。

きのう、あきの ものお さがしに こうえんえ いきました。わたしわ 大きな おちばお みつけました。あかくて、わたしの 手と おなじくらいの 大きさでした さわると かさかさして いました。

（令和二年度版 光村図書 こくご 一下 ともだち「まちがいを なおそう」による）

① 「は」「を」「へ」を 正しく つかって いますか。まちがいを みつけて ○で かこみましょう。（四つ）

② 文の おわりに まる（。）が ついて　いますか。

ついて　いない ところを みつけて まる（。）を つけましょう。（一つ）

③ てん（、）を つけた ほうが よみやすい ところは ありませんか。みつけて てん（、）を つけましょう。（一つ）

(2) (1)の 文を 正しく なおして かきましょう。

しらせたいな、見せたいな

● つぎの　文しょうを　よんで　こたえましょう。

なまえ

　ばったのぴょん

もり　とうこ

　ぴょんのからだは、みどりとちゃいろです。さわると、とてもかたいです。

　あたまの先は、とがっています。

　ながいあしと、みじかいあしがあります。

　はっぱをやると、すこしずつかじって、むしゃむしゃとたべます。

（令和六年度版　光村図書　こくご　一下　ともだち「しらせたいな、見せたいな」による）

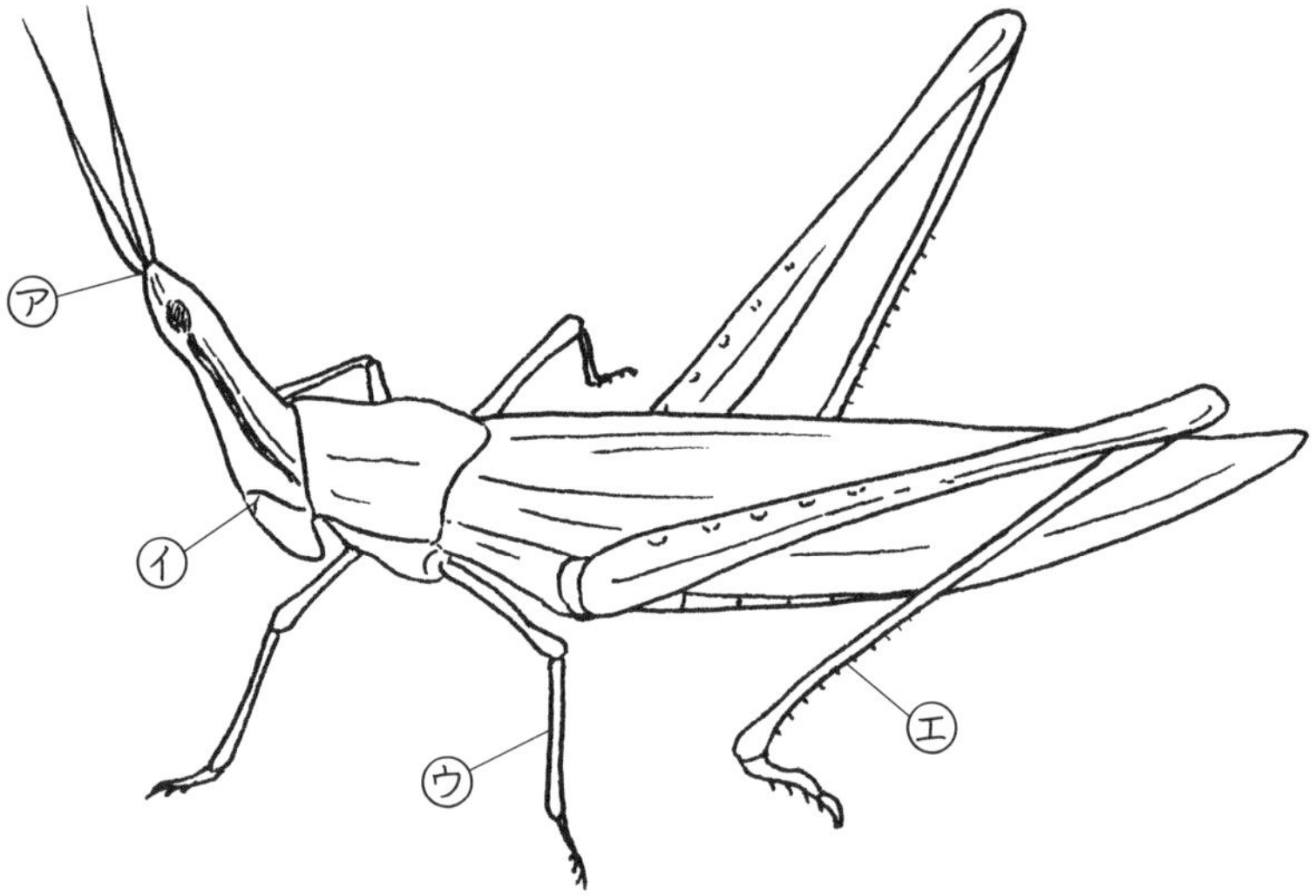

(1) ばったのぴょんの　からだは　なにいろですか。

　と

(2) さわると　どんな　かんじが　しますか。

(3) かいて　ある　じゅんばんに　なるように、（　）に　すうじを　かきましょう。

（　）えさを　たべる　ようす。

（　）からだの　いろ。

（　）さわった　かんじ。

(4) うえの　えは、ばったのぴょんの　えです。ながい　あしを　みつけて　あてはまる　㋐㋑㋒㋓を（　）に　かきましょう。

（　）

かん字の　はなし　(1)

なまえ

かん字は、はじめは、かんたんな　えのような　ものでした。

「やま」の　すがたから、「山」と　いう　かん字が　できました。

「みず」の　ながれる　ようすから、「水」と　いう　かん字が　できました。

空から　「あめ」が　ふる　ようすから、「雨」と　いう　かん字が　できました。

「うえ」に、ものが　ある　ことを　しめす　しるしから、「上」と　いう　かん字が　できました。

「した」に、ものが　ある　ことを　しめす　しるしから、「下」と　いう　かん字が　できました。

（令和六年度版　光村図書　こくご　一下　ともだち　「かん字の　はなし」による）

● 上の　文を　よんで　こたえましょう。

(1) かん字は、はじめは　どんな　ものでしたか。

□□□□な　□のような　もの

(2) つぎの　かん字と　下の　文が　あうように、せん（——）で　むすびましょう。

雨・　　・「みず」の　ながれる　ようす

山・　　・「あめ」が　ふる　ようす

水・　　・「やま」の　すがた

(3) つぎの　せつめいに　あう　かん字を　かきましょう。

① 「うえ」に　ものが　あることを　しめす　しるしから　できた。　□

② 「した」に　ものが　あることを　しめす　しるしから　できた。　□

かん字の はなし (2)

なまえ

(1) つぎの えや かたちから できた かん字を ひだりの □ から えらんで かきましょう。

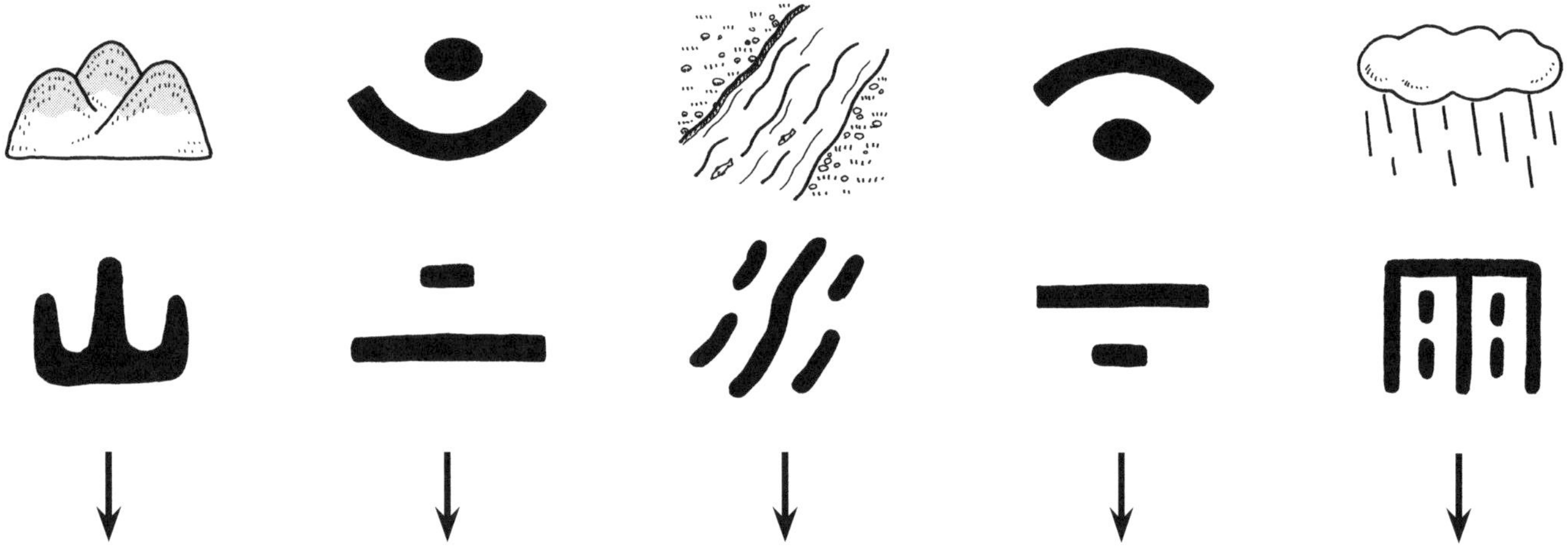

山 水 雨 上 下

(2) つぎの えから できた かん字を ひだりの □ から えらんで かきましょう。

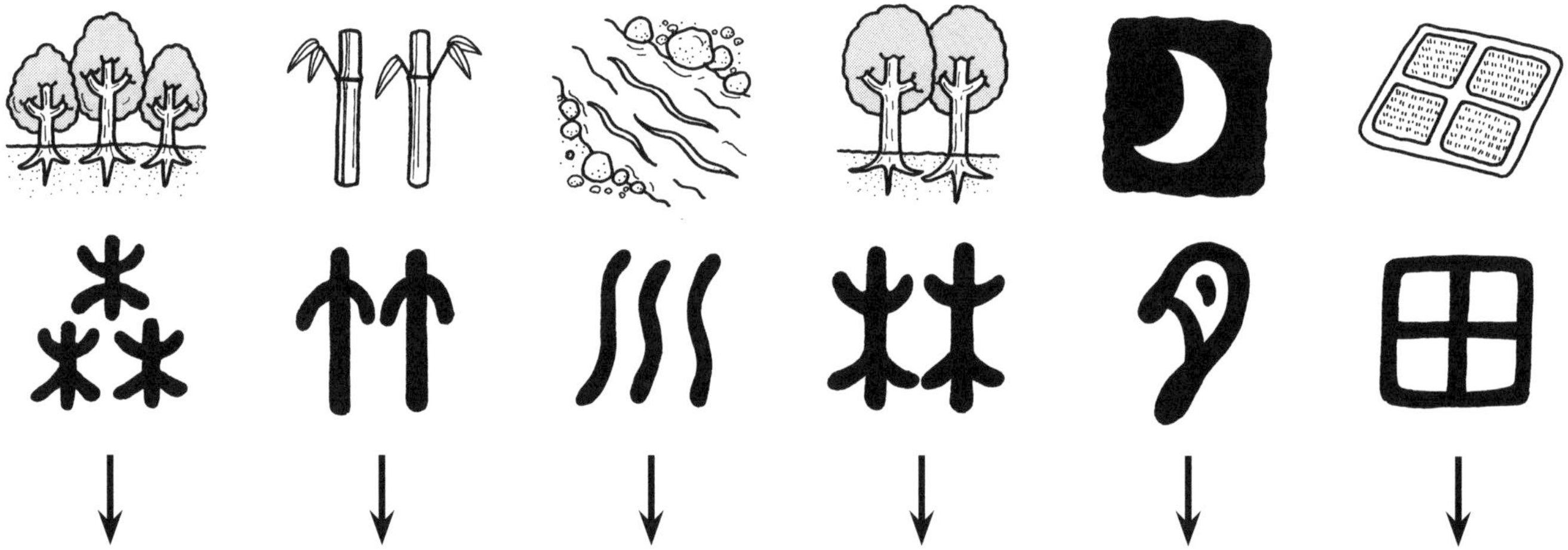

竹 田 川 林 森 月

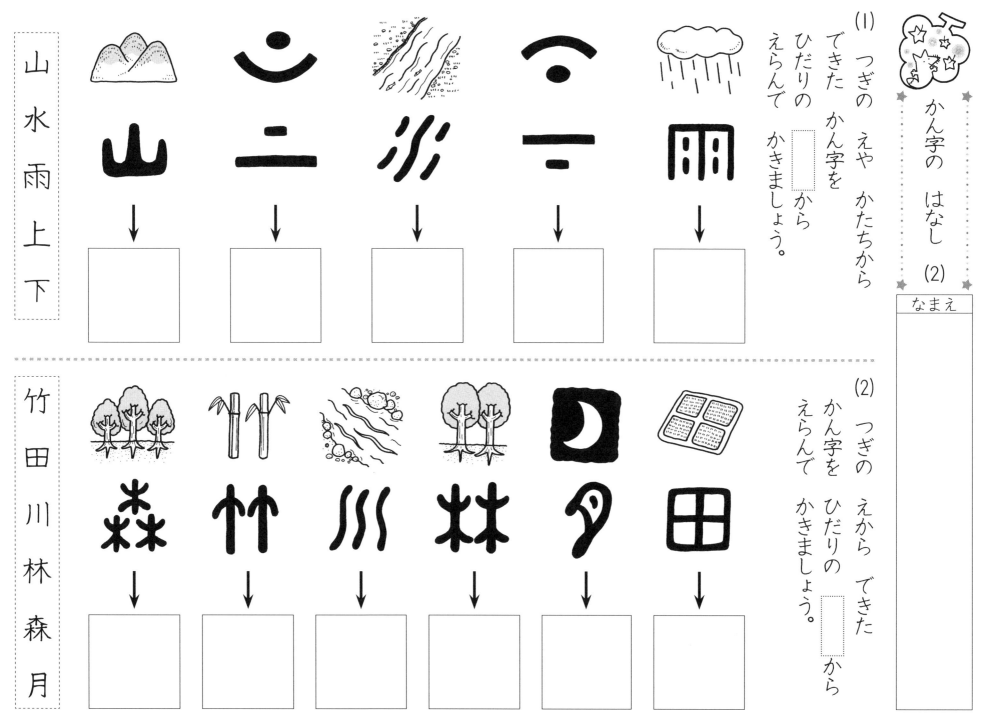

じどう車くらべ

なまえ

いろいろな　じどう車が、どうろを　はしって　います。

それぞれの　じどう車は、どんな　しごとを　して　いますか。

その　ために、どんな　つくりに　なって　いますか。

バスや　じょうよう車は、人を　のせて　はこぶ　しごとを　して　います。

その　ために、ざせきの　ところが、ひろく　つくって　あります。

そとの　けしきが　よく　見えるように、大きな　まどが　たくさん　あります。

（令和六年度版　光村図書　こくご　一下　ともだち「じどう車くらべ」による）

● 上の　文を　よんで　こたえましょう。

(1) じどう車は　どこを　はしって　いますか。　㉕

(2) バスや　じょうよう車は、どんな　しごとを　して　いますか。　㉕

(3) (2)の　しごとを　する　ために、バスや　じょうよう車の　ざせきの　ところは　どのように　つくって　ありますか。　㉕

つくって　あります。

(4) バスや　じょうよう車に　大きな　まどが　たくさん　あるのは　なぜですか。○を　つけましょう。　㉕

（　）ひとを　のせて　はこぶため。

（　）そとの　けしきが　よく　見えるように。

じどう車ずかんを つくろう

なまえ

● つぎの 文を よんで こたえましょう。

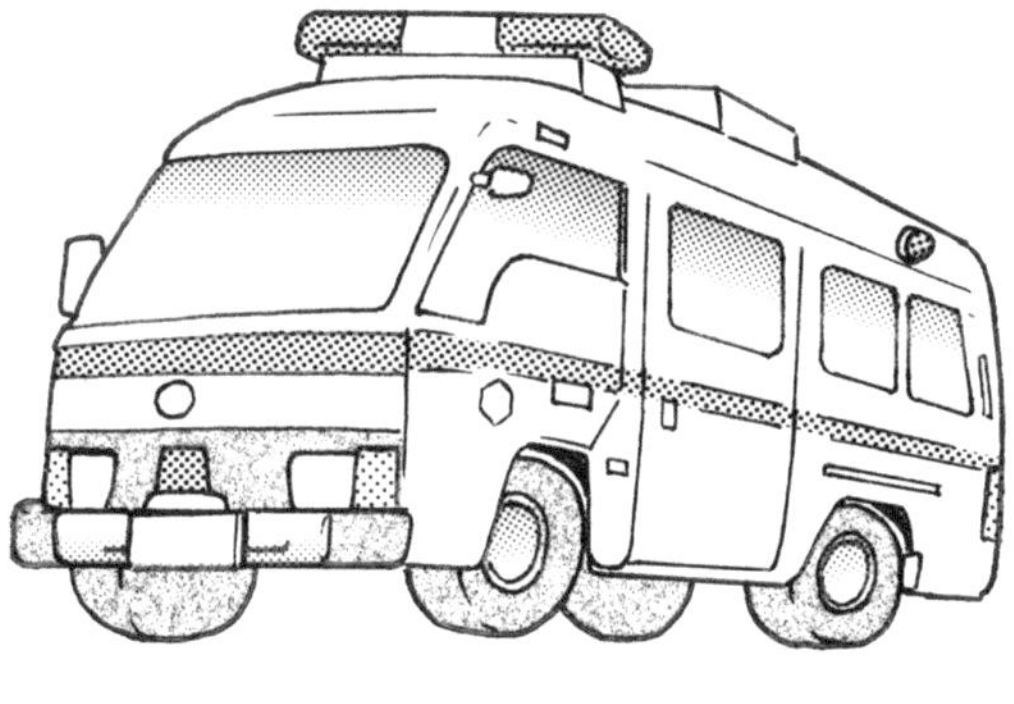

きゅうきゅう車は、けがを した人や、びょうきの人を、びょういんへはこぶしごとをしています。
そのために、うんてんせきのうしろは、ベッドがいれられるようになっています。

（令和六年度版　光村図書　こくご　一下　ともだち「じどう車ずかんを つくろう」による）

(1) なんと いう じどう車に ついて かいて ありますか。（20）

[　　　　]

(2) どんな 人を どこに はこぶ しごとを して いますか。（15×3）

[　　　　] 人や、
[　　　　] 人を、
[　　　　] へ
はこぶ しごと。

(3) (2)の しごとを する ために どこに ベッドが いれられる ように なって いますか。（20）

[　　　　]

(4) かいて ある じゅんに 1、2 の ばんごうを かきましょう。（15）

（　）車の つくりに ついて。
（　）車の しごとに ついて。

かたかなを　かこう

なまえ

(1)　かたかなで　かきましょう。

キャンプ

ロケット

ガードレール

(2)　かたかなに　なおして　かきましょう。

へるめっと

しょべるかあ

じゃんぐる

けえき

じゅうす

ようぐると

ちゃんねる

しいとべると

にゅうす

けえぶるかあ

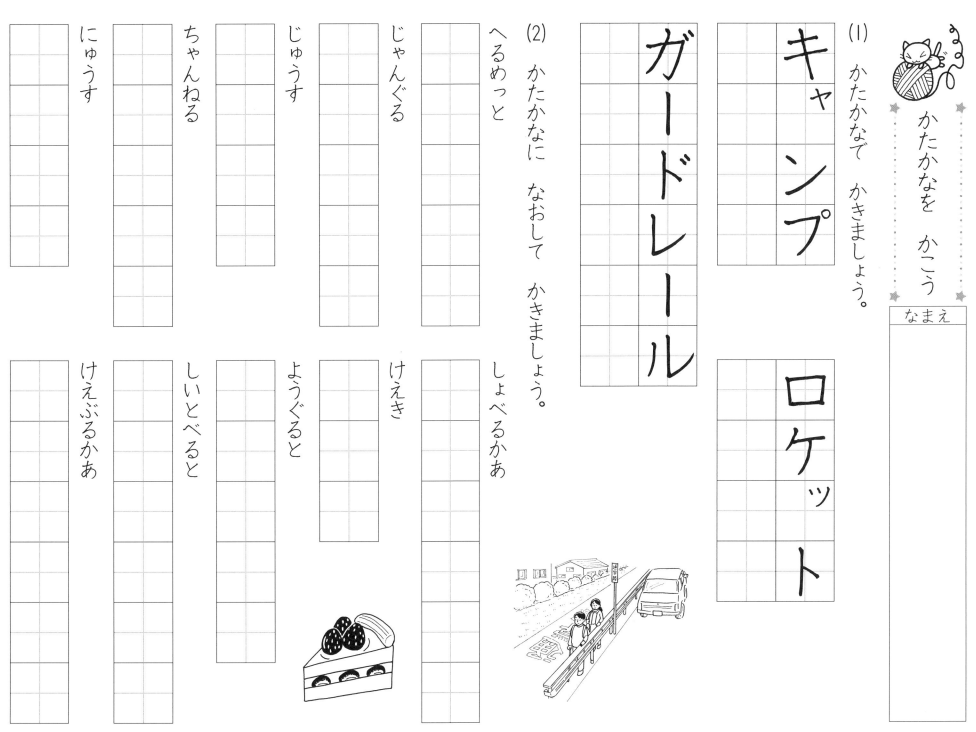

たぬきの 糸車 (1)

なまえ

はるに なって、また、きこりの ふうふは、山おくの こやに もどって きました。

とを あけた とき、おかみさんは、あっと おどろきました。

いたの間《ま》に、白い 糸の たばが、山のように つんで あったのです。

そのうえ、ほこりだらけの はずの 糸車には、まきかけた 糸まで かかって います。

「はあて、ふしぎな。どう した こっちゃ。」

おかみさんは、㋐そう おもいながら、土間《ま》で ごはんを たきはじめました。

すると、

キーカラカラ　キーカラカラ
キークルクル　キークルクル

と、糸車の まわる 音が、きこえて きました。

● 上の 文を よんで こたえましょう。

(1) きこりの ふうふは、いつ、どこに、もどって きましたか。（10×2）

① いつ
（　　　）

② どこに
（　　　）

(2) おかみさんが「はあて、ふしぎな。どう した こっちゃ。」と おもったのは なぜですか。二つ かきましょう。（10×2）

（　　　）

（　　　）

(3) ㋐そう おもいながら とありますが、おもって いた ことを かきましょう。（20）

（　　　）

(4) 糸車の まわる 音を かきましょう。（20）

（　　　）

（令和六年度版　光村図書　こくご　一下　ともだち　きし　なみ）

たぬきの 糸車 (2)

なまえ

びっくりして ふりむくと、いたどの かげから、ちゃいろの しっぽが ちらりと 見えました。

㋐そっと のぞくと、いつかの たぬきが、じょうずな 手つきで、糸を つむいで いるのでした。たぬきは、㋑つむぎおわると、こんどは、いつも おかみさんが して いた とおりに、たばねて、わきに つみかさねました。

たぬきは、ふいに、おかみさんが のぞいて いるのに ㋒気が つきました。

たぬきは、ぴょこんと そとに とび下りました。そして、うれしくて たまらないと いうように、ぴょんぴょこ おどりながら かえって いきましたとさ。

（令和六年度版 光村図書 こくご 一下 ともだち きし なみ）

● 上の 文を よんで こたえましょう。

(1) びっくりして ふりむいたのは だれですか。 ⑳

(2) ㋐そっと のぞくと、たぬきは なにを して いましたか。 ⑳

(3) たぬきは、㋑つむぎおわると、こんどは なにを しましたか。 ⑳

(4) たぬきは、なにに ㋒気が つきましたか。 ⑳

(5) たぬきは、なぜ うれしくて たまらないと いうように かえって いったのですか。「たぬきの 糸車」を よんで おもった ことを かきましょう。 ⑳

日づけと　よう日

なまえ

(1)　（　）に　日づけの　よみかたを　かきましょう。（5×9）

一月　一日《ついたち》

二月　二日《ふつか》

三月　三日《みっか》

四月　四日　（　　）

五月　五日　（　　）

六月　六日　（　　）

七月　七日　（　　）

八月　八日　（　　）

九月　九日　（　　）

十月　十日　（　　）

十一月　十一日　（　　）

十二月　二十日《はつか》

(2)　日よう日から　じゅんばんに　□に　よう日を　かんじで　かきましょう。（　）に　よみかたを　かきましょう。（5×11）

（にち）日よう日

（　　）□よう日

（　　）□よう日

（すい）□よう日

（　　）□よう日

（　　）□よう日

（　　）□よう日

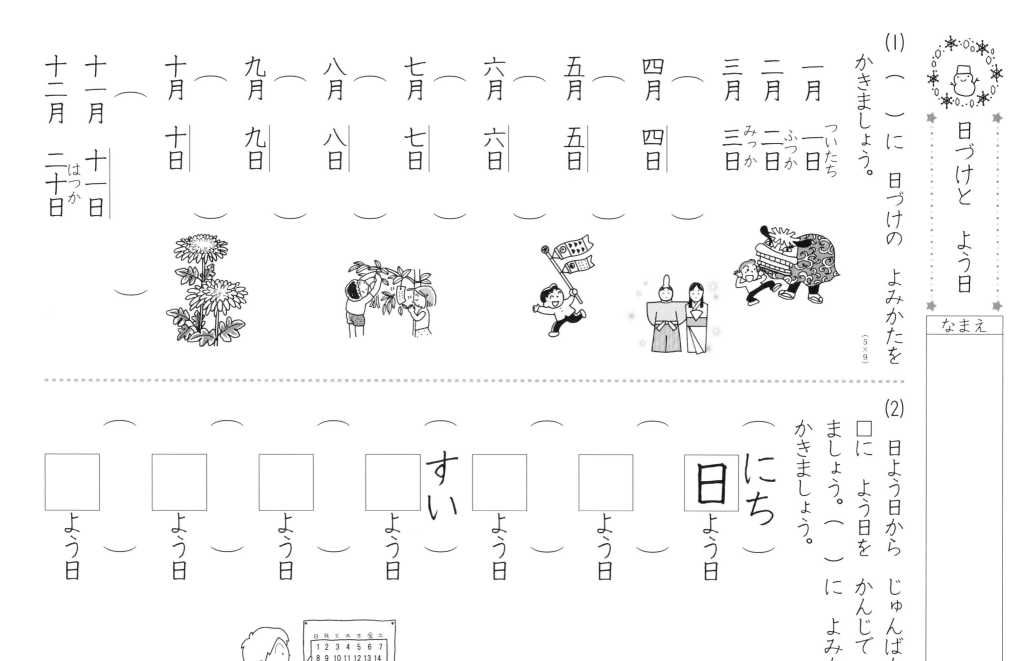

てがみで　しらせよう

なまえ

ⓐ

さかもと先生、おげんきですか。

わたしは、おんがくのじかんに、けんばんハーモニカのれんしゅうをしています。はじめて、さいしょからさいごまで、まちがえずにふけたときは、うれしかったです。

いつか、先生にきいてもらいたいです。

あべ　つぐみ

（令和六年度版　光村図書　こくご　一下「てがみで　しらせよう」による）

(1)
① ⓐの　文は、つぐみさんが　かいた　てがみです。だれに　かいた　てがみですか。

（　　　　）

② つぐみさんは　さかもと先生に　しらせたいことが　三つ　あります。のこりの　二つを　かきましょう。

・（　　　　）

・（　　　　）

・いつか、先生にきいてもらいたいこと。

(2) つぎの　文は　ひろきさんが　おじさんに　でんわで　はなした　ことです。――せんの　ことばに　きを　つけて、てがみで　しらせましょう。

〈でんわで　はなしたこと〉

おじさん、げんきかな。
ぼくは、このまえ、ひこうきの　もけいを　つくったよ。
とても　かっこよく　つくれたから、
おじさんにも　みてほしいな。
また　あそびに　きてね。

〈てがみ〉

（　　　　）へ

おじさん、（　　　　）
ぼくは、このまえ、ひこうきの　もけいを（　　　　）
とても　かっこよく　つくれたから、おじさんにも（　　　　）
（　　　　）
またあそびに（　　　　）

（　　　　）より

おかゆの　おなべ　(1)

なまえ

ある　日、女の子が　町の　そとに　出かけた　とき、おかあさんは　おなかが　すいたので、おなべに　むかって　いいました。

Ⓐ「なべさん、なべさん。にて　おくれ。」

おなべは　ぐらぐらと　にえたち、おかゆが　うんじゃら　うんじゃら、出て　きました。

おかあさんは、おかゆを　たくさん　たべ、おなかが　いっぱいに　なりました。

けれども、おかあさんは、おなべを　とめようと　して、㋐はっと　しました。

いつも、おなべに　むかって　じゅもんを　いうのは、女の子の　やくめだったので、おかあさんは、とめる　ときの　じゅもんを、よく　しらなかったのです。

そこで、おかあさんは、「なべさん、なべさん。やめとくれ。」と　いって　みました。

（令和六年度版　光村図書　こくご　一下　ともだち　さいとう　ひろし）

● 上の　文を　よんで　こたえましょう。

(1) おかあさんは、なぜ　Ⓐと　いったのですか。 ⑳

(　　　　)

(2) おかあさんが　Ⓐと　いったのは　女の子が　なにを　した　とき　でしたか。 ⑳

(　　　　)

(3) おかあさんが　㋐はっと　したのは、なぜですか。 ⑳

(　　　　)

(4) おかあさんが　した　ことが、ただしい　じゅんに　なる　ように　(　)に　すうじを　かきましょう。 ⑳

(　)「なべさん、なべさん。やめとくれ。」と　いった。

(　)おかゆを　たくさん　たべ、おなかが　いっぱいに　なった。

(　)おなべを　とめようと　して、はっと　した。

(　)「なべさん、なべさん。にて　おくれ。」と　いった。

(5) いつも、おなべに　むかって　じゅもんを　いうのは、だれの　やくめでしたか。 ⑳

(　　　　)

おかゆの　おなべ　(2)

なまえ

そこで、おかあさんは
「なべさん、なべさん。やめとくれ。」
と　いって　みました。
もちろん、なべは　とまりません。
[ア]、おかあさんは、
「なべさん、なべさん。おわりだよ。」
と　いって　みました。
やっぱり、なべは　とまりません。
その　ほか、おかあさんは、
おもいつく　ままに、いろいろ
じゅもんらしい　ことを　いって
みました。けれども、どれも
まちがいだったので、おなべは、
おかゆを　にるのを
やめませんでした。

ぐらぐら、ぐらぐら。
うんじゃら、うんじゃら。
おなべから、おかゆが　どんどん
出て　きます。やがて、うち中
おかゆだらけに　なりました。
それでも、おなべは　とまりません。
ぐらぐら、ぐらぐら。
うんじゃら、うんじゃら。
おかゆは、みちに　あふれ出ました。
[イ]、おなべは　とまりません。
ぐらぐら、ぐらぐら。
うんじゃら、うんじゃら。
[ウ]、まわり中
おかゆだらけに　なり、
それどころか、町は　おかゆに
うまって　しまいました。

（令和六年度版　光村図書　こくご　一下　ともだち　さいとう　ひろし）

● 上の　文を　よんで　こたえましょう。

(1) [ア] [イ] [ウ] に
あてはまる　ことばを　えらんで、
（　）に　アイウを　かきましょう。（15×3）

（　）はじめに　（　）つぎに
（　）それでも　（　）とうとう

(2) おかあさんは、なべを
とめる　ことが　できましたか。（20）

（　　　　　）

(3) それどころか、町は　どう
なりましたか。（20）

（　　　　　）

(4) おかゆの　ようすが　ただしい
じゅんに　なる　ように（　）に
すうじを　かきましょう。（15）

（　）おなべから、おかゆが　どんどん　出て　きた。
（　）町は　うまって　しまった。
（　）うち中　おかゆに　なった。
（　）まわり中　おかゆだらけに　なった。
（　）おかゆは、みちに　あふれ出た。

かたつむりの　ゆめ
おいわい

なまえ

㋐

かたつむりの　ゆめ

かたつむり　でんきち

あのね　ぼく
ゆめの　なかでは　ね
ひかりのように　はやく
はしるんだよ

㋑

おいわい

にじ　ひめこ

きょうは
うれしい　ことが
ありましたので
のはらに
リボンを　かけました。

1 ㋐の　しを　よんで　こたえましょう。

(1) しの　だいめいは　なんですか。（⑩）

(2) ぼくとは　だれの　ことですか。（⑳）

(3) ぼくは　ゆめの　なかで　どのように　はしりますか。（⑳）

2 ㋑の　しを　よんで　こたえましょう。

(1) この　しを　かいた　ひとの　なまえを　かきましょう。（⑩）

(2) いつの　おはなしですか。（⑳）

(3) なぜ　のはらに　リボンを　かけたのですか。（⑳）

（令和六年度版　光村図書　ともだち　一下　「のはらうた」　くどう　なおこ）

くわしく きこう

なまえ

すきな おはなしに ついて、ともだちの みきさん（わたし）が はなしを しています。

● つぎの 文を よんで こたえましょう。

㋐ ㋐わたしが すきな おはなしは 「おおきな かぶ」です。

㋑ おじいさんや、おばあさんや、まごや、さいごに ねずみも 出て きます。

㋒ みんなで かぶを ひっぱる ときに いう 「うんとこしょ、どっこいしょ。」という ㋑かけごえが たのしくて すきです。

(1) ㋐わたし（みきさん）が すきな おはなしは なんですか。（20）

（　　　　）

(2) ㋑かけごえは、どんな ときに いいますか。（20）

（　　　　）

(3) ㋐わたしは、おはなしの どんな ところが たのしいと いって いますか。○を つけましょう。（15）

（　）おばあさんが でて くる ところ。

（　）「うんとこしょ、どっこいしょ。」と いう かけごえ。

(4) つぎの①～③の ことは 上の 文の どの ぶぶんに かいて ありますか。㋐㋑㋒で こたえましょう。（15×3）

①（　）おはなしには、だれが 出てきますか。

②（　）おはなしの どんな ところが たのしいと いって いますか。

③（　）わたしが すきな おはなしは なんですか。

ことばで あそぼう

なまえ

(1) 〈れい〉のように 一字 ふやして ことばを へんしんさせましょう。

〈れい〉さい → さいふ

① くし →

② たい →

③ かめ →

④ うし →

(2) 〈れい〉の ように 一字 ふやして ことばを へんしんさせましょう。

〈れい〉いか → いるか

① さら →

② たき →

③ くま →

④ つえ →

(3) 〈れい〉の ように 二字 ふやして ことばを へんしんさせましょう。

〈れい〉たい (上に ふやす) → こうたい

① たい (下に ふやす) →

② さい (下に ふやす) →

③ たけ (下に ふやす) →

④ たけ (上に ふやす) →

(4) 「゛」を つけて ことばを へんしんさせましょう。

① たい →

② まと →

③ ふた →

④ こま →

どうぶつの赤ちゃん (1)

なまえ

しまうまの　赤ちゃんは、生まれた　ときに、もう　やぎぐらいの　大きさが　あります。目は　あいて　いて、耳も　ぴんと　立って　います。しまの　もようも　ついて　いて、おかあさんに　そっくりです。

　しまうまの　赤ちゃんは、生まれて　三十ぷんも　たたない　うちに、じぶんで　立ち上がります。そして、つぎの　日には、はしるように　なります。

（令和六年度版　光村図書　こくご　一下　ともだち　ますい　みつこ）

● 上の　文を　よんで　こたえましょう。

(1) しまうまの　赤ちゃんが　生まれた　ときの　ようすに　ついて　まとめましょう。

① 大きさは　どれぐらいですか。（20）

（　　　　）

② 目や　耳は　どのような　ようすですか。（10×2）

・目（　　　　）

・耳（　　　　）

(2) つぎの　文で　ただしいものに　○を、まちがえているものに　×を　つけましょう。（10×6）

（　）生まれた　ときは、りすぐらいの　大きさです。

（　）目は　あいて　いて、耳も　ぴんと　立って　います。

（　）しまの　もようは　ついて　いません。

（　）おかあさんに　そっくりです。

（　）生まれて　三十ぷんも　たたない　うちに　じぶんで　立ち上がります。

（　）なん日も　たってから　やっと　はしります。

どうぶつの 赤ちゃん ⑵

なまえ

　しまうまの　赤ちゃんは、生まれて　三十ぷんも　たたない　うちに、じぶんで　立ち上がります。そして、つぎの　日には、はしるように　なります。だから　つよい　どうぶつに　おそわれても、おかあさんや　なかまと　いっしょに　にげる　ことが　できるのです。

　しまうまの　赤ちゃんが、おかあさんの　おちちだけ　のんで　いるのは、たった　七日ぐらいの　あいだです。その　あとは、おちちも　のみますが、じぶんで　草も　たべるように　なります。

（令和六年度版　光村図書　こくご　一下　ともだち　ますい　みつこ）

● 上の　文を　よんで　こたえましょう。

⑴ しまうまの　赤ちゃんは、三十ぷんも　たたない　うちに、なにを　しますか。（20）

（　　　　　）

⑵ しまうまの　赤ちゃんは、はしるように　なると、どんな　ことが　できますか。（20）

（　　　　　）

⑶ 生まれて　七日ぐらいの　あいだの　しまうまの　赤ちゃんは　どんな　ようすですか。一つに　○を　つけましょう。（20）

（　）草だけを　たべる。

（　）おかあさんの　おちちだけを　のんでいる。

（　）おちちも　のむが、草も　たべるように　なる。

⑷ 生まれて　七日ぐらいたった　あとの　しまうまの　赤ちゃんは　なにを　たべますか。二つ　かき　ましょう。（20×2）

（　　　　　）（　　　　　）

ものの 名まえ

なまえ

㋐はじめの おみせには、りんご、みかん、バナナなどが、ならんで います。ふたりは、五百円で りんごを かいました。

この おみせは、なにやさんでしょう。

㋑つぎに、さかなやさんに いきました。あじ、さば、たいなどが、ならんで います。

けんじさんが、「さかなを ください。」と いって、千円さつを 出しました。

おみせの おじさんは、「さかなじゃ わからないよ。」と、わらいながら いいました。

おじさんは、なぜ、「わからないよ。」と いったのでしょう。

（令和六年度版　光村図書　こくご　一下　ともだち「ものの　名まえ」による）

● 上の 文を よんで こたえましょう。

(1) ㋐はじめの おみせは なにやさんですか。（20）

（　　　　）

(2) ㋑つぎの おみせは なにやさんですか。（20）

（　　　　）

(3) おじさんは、なぜ「わからないよ。」と いったのですか。（20）

（　　　　）

(4) つぎの えの ものを うっている おみせは、なんの おみせですか。（20×2）

①

（　　　　）の おみせ。

②

（　　　　）の おみせ。

わらしべ　ちょうじゃ

なまえ

男《おとこ》は馬《うま》にのって、先《さき》へすすみました。
そのうちに、大《おお》きなやしきの前《まえ》を
通《とお》りかかりました。
やしきの中《なか》から
その家《いえ》のしゅじんが、
手《て》をふりながら
出《て》てきました。

「おうい、その馬《うま》をくれないか。
今《いま》から、たびに出《て》るので、馬《うま》が
ひつようなのだ。そうだ、わたしの
かわりに、このやしきにすんでくれ。
もし、わたしが、いつまでたっても
もどってこなかったら、やしきは
あなたにさしあげよう。」
男《おとこ》はおどろきましたが、言われた
とおり、馬《うま》をわたしました。そして、
そのまま、やしきでくらしました。
たびに出《て》たしゅじんは、
何年《なんねん》たっても帰《かえ》ってきませんでした。
やがて、やしきは、男《おとこ》のものに
なりました。
　わらしべがみかんになり、みかんが
ぬのになり、ぬのが馬《うま》になり、馬《うま》が
やしきになったのです。それで、
人《ひと》びとは、男《おとこ》のことを、わらしべ
ちょうじゃとよぶようになりました。

（令和六年度版　光村図書　こくご　一下　ともだち　はちかい　みみ）

● 上の　文を　よんで　こたえましょう。

(1) 男《おとこ》は　どこを　通《とお》りかかりましたか。 (20)

（　　　　）の前《まえ》

(2) 手《て》を　ふりながら　出《て》て　きたのは　だれですか。 (20)

（　　　　）

(3) なぜ　やしきは　男《おとこ》の　ものに　なったのですか。○を　つけましょう。 (20)

（　）やしきの　中《なか》から、その家《いえ》の　しゅじんが　出《て》てきたから。

（　）たびに　出《て》た　しゅじんが、何年《なんねん》たっても　帰《かえ》って　こなかったから。

(4) つぎの　えが、おはなしの　じゅんに　なるように、○に　ばんごうを　かきましょう。 (10×4)

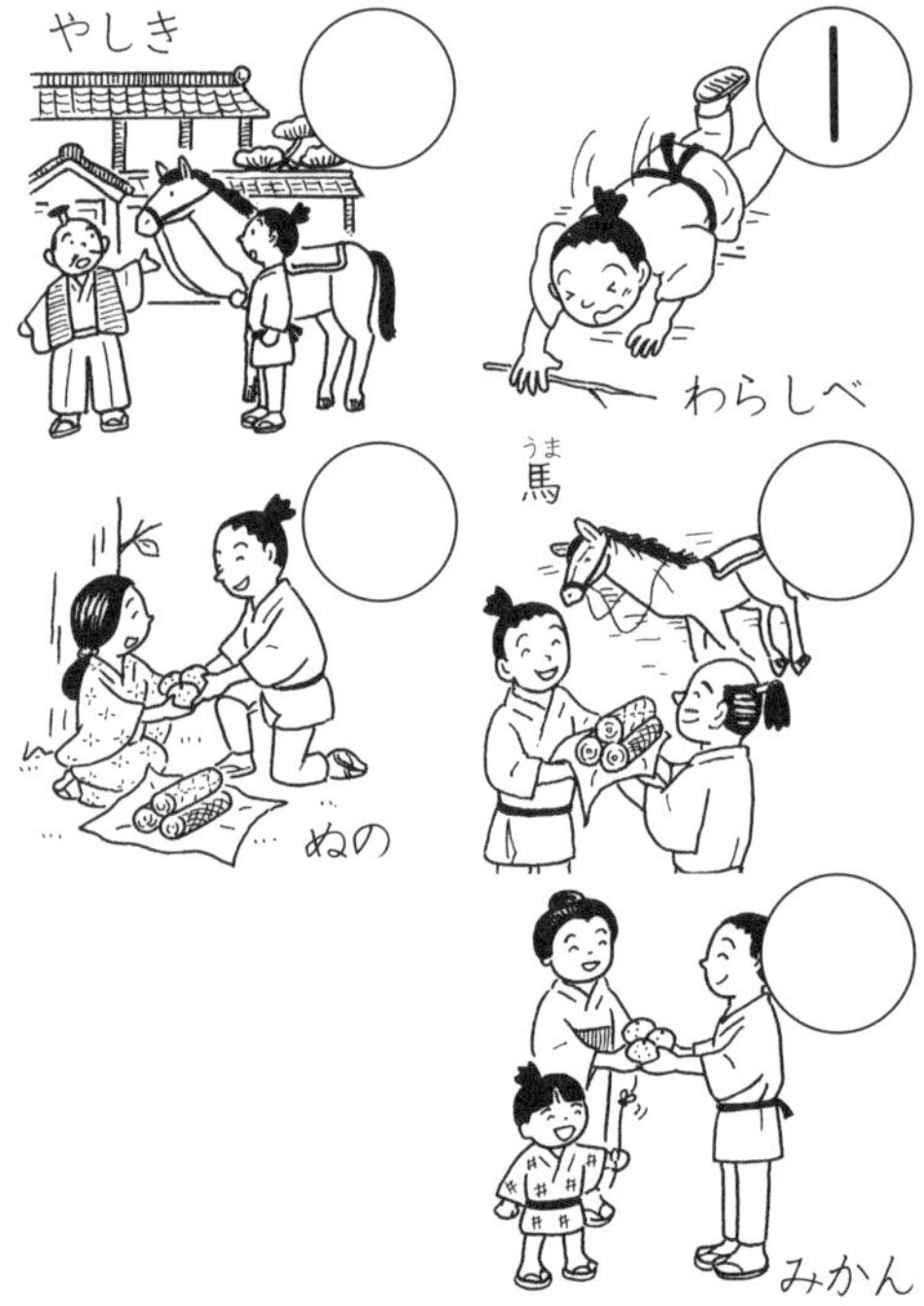

かたかなの かたち

なまえ

(1) かたちに 気を つけて、かたかなで かきましょう。

① か→
② き→
③ せ→
④ へ→
⑤ も→
⑥ や→
⑦ り→
⑧ を→

(2) かたちに 気を つけて、かたかなで かきましょう。

① シ ツ
② ス ヌ
③ ソ ン リ
④ マ ア
⑤ ワ ク

(3) かたちに 気を つけて、かたかなで かきましょう。

① たぬき

②

③

④
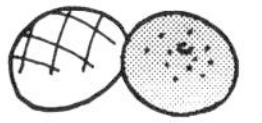

⑤

(4) かたちに 気を つけて、かたかなで かきましょう。

① きゃんぷ

② がらす

③ かぬう

④ くりすます

⑤ すこっぷ
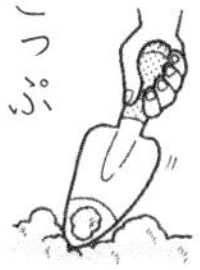

⑥ みしん
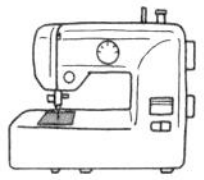

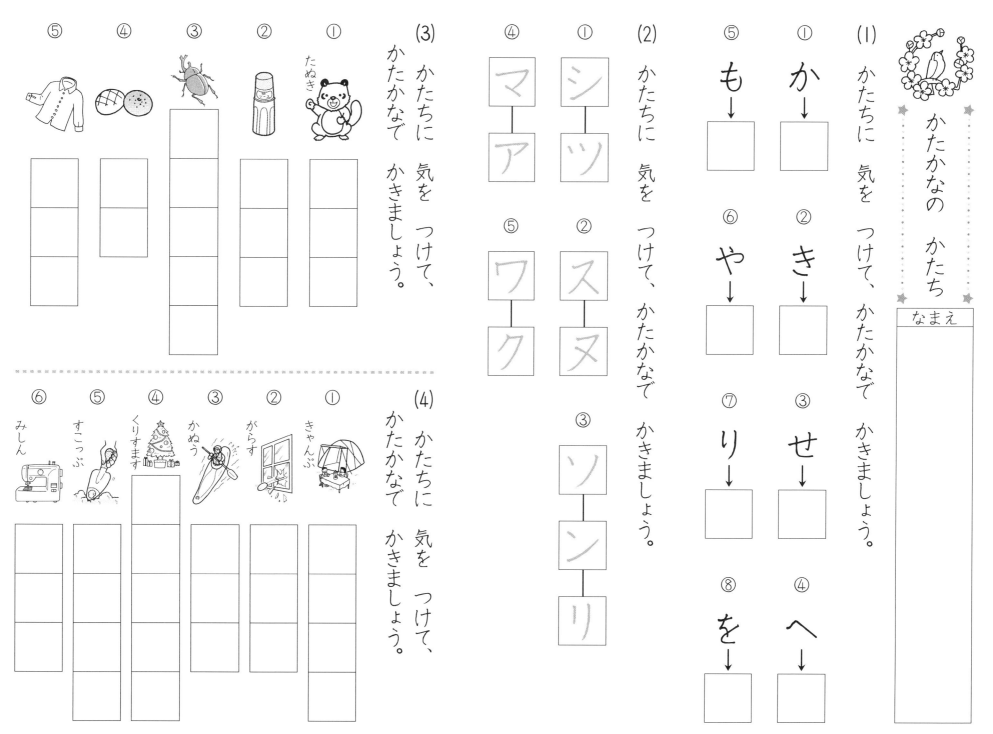

ことばあそびを つくろう

なまえ

(1) 〈れい〉の ように（ ）に どうぶつの なまえを かきましょう。

〈れい〉さいふの なかには、（さい）が いる。

① れいぞうこの なかには、（　　）が いる。

② かばんの なかには、（　　）が いる。

③ わかめの なかには、（　　）が いる。

④ すいかの なかには、（　　）が いる。

⑤ ぶたいの なかには、（　　）が いる。

⑥ わかばの なかには、（　　）が いる。

⑦ いわしの なかには、（　　）が いる。

⑧ ぼうしの なかには、（　　）が いる。

(2) 〈れい〉の ように（ ）に あう ことばを かきましょう。

〈れい〉ふくろの なかには、（くろ）が ある。

① はたけの なかには、（　　）が ある。

② きつつきの なかには、（　　）が ある。

③ つくしの なかには、（　　）が ある。

④ みかんの なかには、（　　）が ある。

⑤ せんすいかんの なかには、（　　）が ある。

⑥ すいえいの なかには、（　　）が ある。

⑦ パンダの なかには、（　　）が ある。

⑧ プリントの なかには、（　　）が ある。

これは、なんでしょう

なまえ

(1) ともだちが　つぎの　もんだいを　出しました。こたえを　かんがえて　かきましょう。

① これは、なんでしょう。

・まるいかたちを　して　います。
・いつも　うごいて　います。
・すうじが　かいて　あります。
・じかんが　わかります。

（　　　　）

⑳

② これは、なんでしょう。

・字を　けすときに　つかいます。
・つかうと、だんだん　ちいさく　なります。

（　　　　）

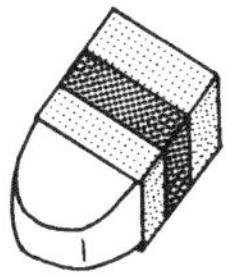

⑳

③ これは、なんでしょう。

・人の　あたまに　のせて　つかいます。
・あつい　ときや　さむい　ときに、あたまや　からだを　まもります。

（　　　　）

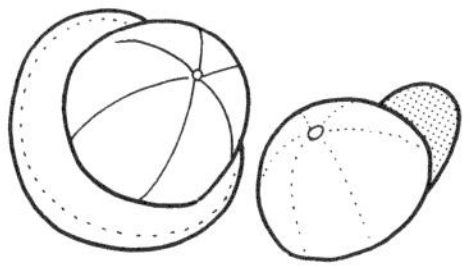

⑳

(2) ともだちが　つぎの　あの　もんだいを　出しました。

あ
これは、なんでしょう。
・たべものを　たべる　ときに　つかいます。
・手で　もって　つかいます。
・ほそい　ぼうの　ような　ものです。

① こたえを　みつけるために、どんな　ことを　きくと　いいですか。二つ　えらんで　○を　つけましょう。（10×2）

（　）よるごはんは、なにを　たべたいですか。
（　）どんな　たべものを　たべる　ときに　つかいますか。
（　）きょうの　あさごはんは、だれが　つくりましたか。
（　）なん本で　つかいますか。

② あの　もんだいの　こたえは　なんですか。

（　　　　）

⑳

ずうっと、ずっと、大すきだよ (1)

なまえ

教科書《きょうかしょ》

〔エルフの　ことを　はなします。…〕
〔…いわなくっても、わかると　おもって　いたんだね。〕
までの　ぶんしょうを　よんで　こたえましょう。

(1) おはなしの　じゅんに　なるように、□に　1~4の　ばんごうを、かきましょう。（10×3）

(2) エルフは　どんな　犬でしたか。（10）

せかいで　いちばん

（　　　　　　）犬

(3) おはなしを　よんで、あって　いる　ものには　○を、まちがって　いる　ものには　×を　つけましょう。（10×5）

（　）ぼくより　エルフの　ほうが　早く　大きく　なった。

（　）にいさんと、ぼくと、いもうとは、みんな　エルフと　いっしょに　ゆめを　みた。

（　）エルフが　わるさを　すると　ぼくだけが　エルフを　おこった。

（　）みんなは　エルフの　ことが　大すきだった。

（　）みんな　エルフに　すきだと　いって　やった。

(4) ぼくの　かぞくが　エルフに、すきだと　いって　やらなかったのは、なぜですか。（10）

（　　　　　　）

と　おもって　いたから。

ずうっと、ずっと、大すきだよ (2)

なまえ

教科書《きょうかしょ》

〔いつしか、ときが　たって　いき、…〕〜〔…よるの　あいだに　しんだんだ。〕までの　ぶんしょうを　よんで　こたえましょう。

(1) おはなしの　じゅんに　なるように　□に　1〜4の　ばんごうを　かきましょう。（8×3）

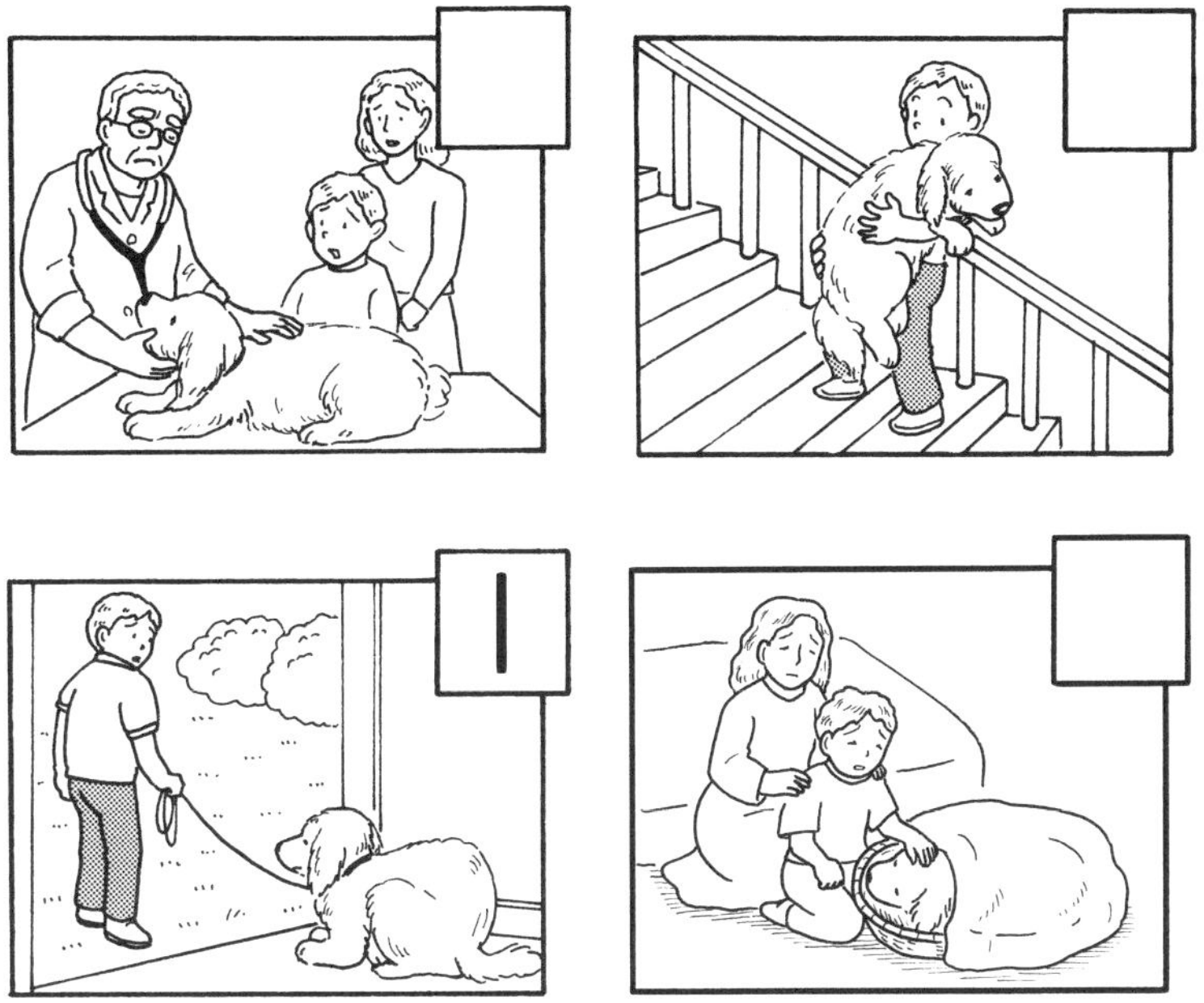

(2) 「ぼくは、とても　しんぱいした。」と　ありますが、なにを　しんぱい　しましたか。（20）

（　　　）

(3) エルフを　じゅういさんに　つれていった　とき、じゅうい　さんは　なんと　いいましたか。（20）

（　　　）

(4) ぼくが、ねる　まえに、エルフに　かならず、して　やった　ことは　どんな　ことですか。（8×2）

やわらかい（　　　）を　やって、ねる　まえには、かならず（　　　）って、いって　やった。

(5) エルフは　いつ　しんだのですか。（20）

（　　　）

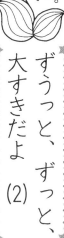

ずうっと、ずっと、大すきだよ (3)

なまえ

教科書《きょうかしょ》

〔ぼくたちは、エルフを　にわに…〕〜〔…きっと　いって　やるんだ。「ずうっと、ずっと、大すきだよ。」って。〕までの　ぶんしょうを　よんで　こたえましょう。

(1) ぼくたちは　エルフを　にわに　うめた　あと、みんなで　なにを　しましたか。 ⑳

（　　　　）

(2) (1)の　とき、みんなは　どんな　気もちでしたか。○を　つけましょう。 ⑩

（　）うれしい
（　）かなしい
（　）おどろいた

(3) ぼくが　いくらか　気もちが　らくだったのは　なぜですか。 ⑳

まいばん　エルフに、「（　　　　）って、いって　やって　いたから。」

(4) となりの　子は、なにを　くれると　いいましたか。 ⑩

（　　　　）

(5) なぜ、ぼくは、いらないと　いったのですか。あなたの　おもった　ことを　かきましょう。 ⑳

（　　　　）

(6) ぼくは、なにを　かっても、まいばん、きっと　なんと　いって　やるのですか。 ⑳

（　　　　）

にて いる かん字

なまえ

(1) かきじゅんの 正しい ほうに ○を つけましょう。(4×4)

① 右 （　）ノナ右　（　）一ナ右

② 左 （　）ノナ左　（　）一ナ左

③ 土 （　）｜十土　（　）一十土

④ 上 （　）｜ト上　（　）一ト上

(2) つぎの にて いる かん字で、正しい ほうに ○を つけましょう。(4×3)

① テレビを {（　）見　（　）貝} る。

② あさ {（　）草　（　）早} くおきる。

③ {（　）中　（　）虫} を かう。

(3) にて いる かん字に 気を つけて かきましょう。(4×18)

① □《みぎ》足で、□《いし》を ひろう。

② □《ひと》が、へやに □《はい》る。

③ □《き》の下で、□《ほん》を よむ。

④ □《おお》きな □《いぬ》が きた。

⑤ □《はやし》の まえに □《むら》が ある。

⑥ □《つち》を もり □《あ》げる。

⑦ □《がっ》校で □《じ》を ならう。

⑧ □《おう》さまが □《たま》のりを する。

⑨ 十五 □《にち》□《め》の あさ。

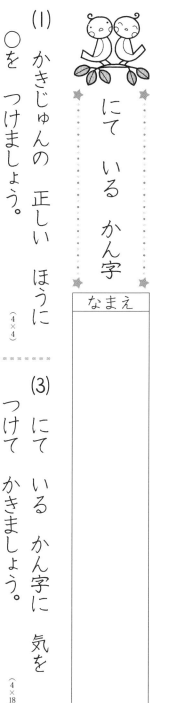

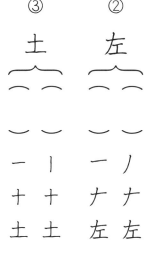

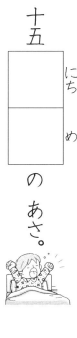

いい こと いっぱい、一年生

なまえ

あ がんばった玉入れ

一年二くみ　あべ　つぐみ

五月のうんどうかいで、玉入れをがんばりました。

おなじチームの二年生が、

「かごのちかくにいってなげるといいよ。」

と、おしえてくれました。やってみると、たくさん入りました。らいねんは、わたしが一年生におしえてあげようとおもいます。

（令和六年度版　光村図書　こくご　一下　ともだち「いい　こと　いっぱい、一年生」より）

い どうぶつえんにいった

一年三くみ　本田　ひろき

えんそくで、どうぶつえんにいきました。

林くんは、ゴリラを見て

「つよそうだな。」

と、いいました。

小川さんは、きりんを見て

「くびが、すごく　ながい。」

と、いいました。

たのしかったので、また、いきたいなあ、とおもいました。

● あの　文を　よんで　こたえましょう。

(1) なにに　ついて　かいて　いますか。（10×2）

（　　　）で（　　　）を　がんばったこと。

(2) おなじチームの二年生は、なんといいましたか。（10）

（　　　）

(3) おもった　ことを　かいて　いる　文を　かきましょう。（15）

（　　　）

● いの　文を　よんで　こたえましょう。

(1) なにに　ついて　かいて　いますか。（10×2）

（　　　）で（　　　）にいったこと

(2) 林くんと、小川さんが　いった　ことを　かきましょう。（10×2）

・林くん（　　　）

・小川さん（　　　）

(3) おもった　ことを　かいて　いる　文を　かきましょう。（15）

（　　　）

かんじよみ

かん字① よみ

なまえ

——せんの　よこに　よみがなを　かきましょう。

① 木
② 大きい
③ 小さい
④ 子どもたち
⑤ 空
⑥ 先生
⑦ 男の子
⑧ 女の子
⑨ 手
⑩ 天
⑪ 青い
⑫ 文しょう
⑬ 字
⑭ 正しい
⑮ 見せる
⑯ 学校
⑰ 虫
⑱ 山
⑲ 水
⑳ 雨
㉑ 上
㉒ 下
㉓ 日がのぼる
㉔ 火をけす
㉕ 田んぼ
㉖ 川
㉗ 竹
㉘ 月
㉙ 一
㉚ 二
㉛ 三
㉜ 四
㉝ 五
㉞ 六
㉟ 七
㊱ 八
㊲ 九
㊳ 十

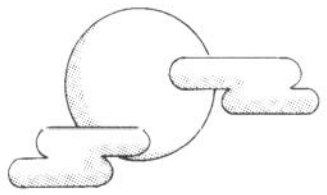

かんじ かき

かん字① かき

なまえ

● □に かん字を かきましょう。

① □《き》

② □《おお》きい

③ □《ちい》さい

④ □《こ》どもたち

⑤ □《そら》

⑥ □□《せんせい》

⑦ □《おとこ》の子

⑧ □《おんな》の子

⑨ □《て》

⑩ □《てん》

⑪ □《あお》い

⑫ □《ぶん》しょう

⑬ □《じ》

⑭ □《ただ》しい

⑮ □《み》せる

⑯ □□《がっこう》

⑰ □《むし》

⑱ □《やま》

⑲ □《みず》

⑳ □《あめ》

㉑ □《うえ》をむく

㉒ □《した》をむく

㉓ □《ひ》がのぼる

㉔ □《ひ》をけす

㉕ □《た》んぼ

㉖ □《かわ》

㉗ □《たけ》

㉘ □《つき》

㉙ □《いち》

㉚ □《に》

㉛ □《さん》

㉜ □《し よん》

㉝ □《ご》

㉞ □《ろく》

㉟ □《しち なな》

㊱ □《はち》

㊲ □《きゅう く》

㊳ □《じゅう》

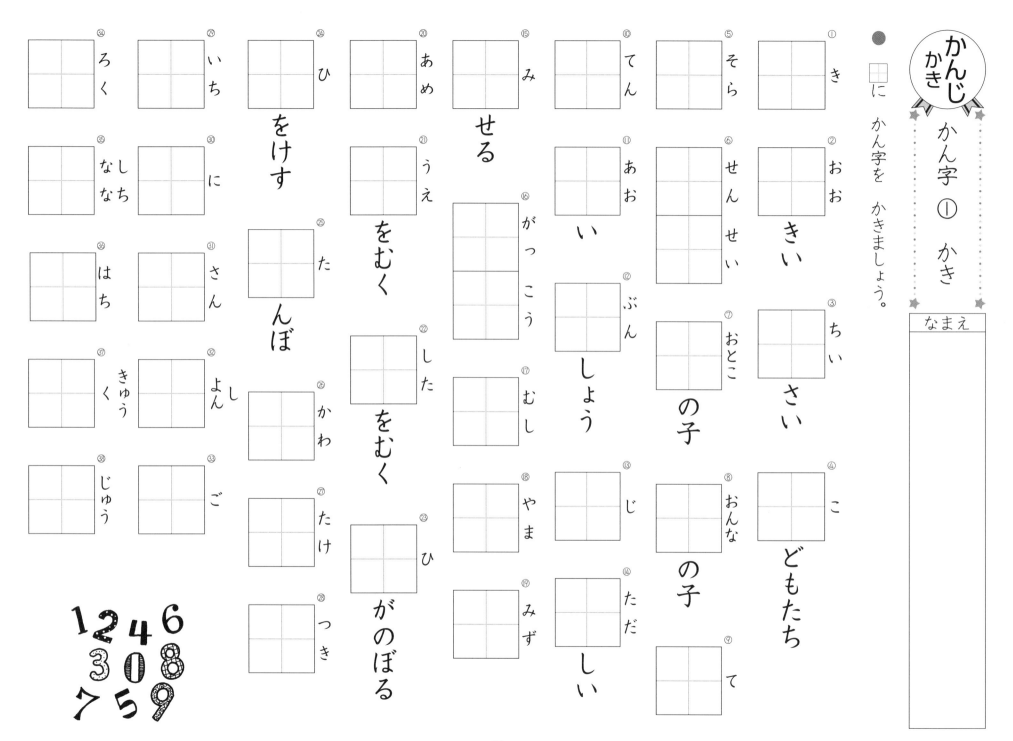

かんじよみ かん字② よみ

――せんの よこに よみがなを かきましょう。

なまえ

①じどう車　②人　③気をつける　④糸

⑤目玉　⑥村　⑦白い　⑧土間

⑨音　⑩花　⑪なつ休み　⑫虫

⑬お金　⑭本　⑮森　⑯出る　⑰中

⑱町　⑲入る　⑳赤ちゃん　㉑耳　㉒王さま

㉓口　㉔一年　㉕立つ　㉖草　㉗名まえ

㉘夕がた　㉙五百円　㉚千円さつ

㉛犬　㉜早い　㉝貝　㉞林　㉟右足

㊱石　㊲左　㊳力

かんじ かき

かん字 ② かき

なまえ

● □に かん字を かきましょう。

じどう①しゃ

②ひと

③き をつける

④いと

⑤めだま

⑥むら

⑦しろ い

⑧どま

⑨おと

⑩はな

なつ ⑪やす み

⑫むし

お ⑬かね

⑭ほん

⑮もり

⑯で る

⑰なか

⑱まち

⑲はい る

⑳あか ちゃん

㉑みみ

㉒おう さま

㉓くち

㉔いちねん

㉕た つ

㉖くさ

㉗な まえ

㉘ゆう がた

㉙ごひゃくえん

㉚せんえん さつ

㉛いぬ

㉜はや い

㉝かい

㉞はやし

㉟みぎあし

㊱いし

㊲ひだり

㊳ちから

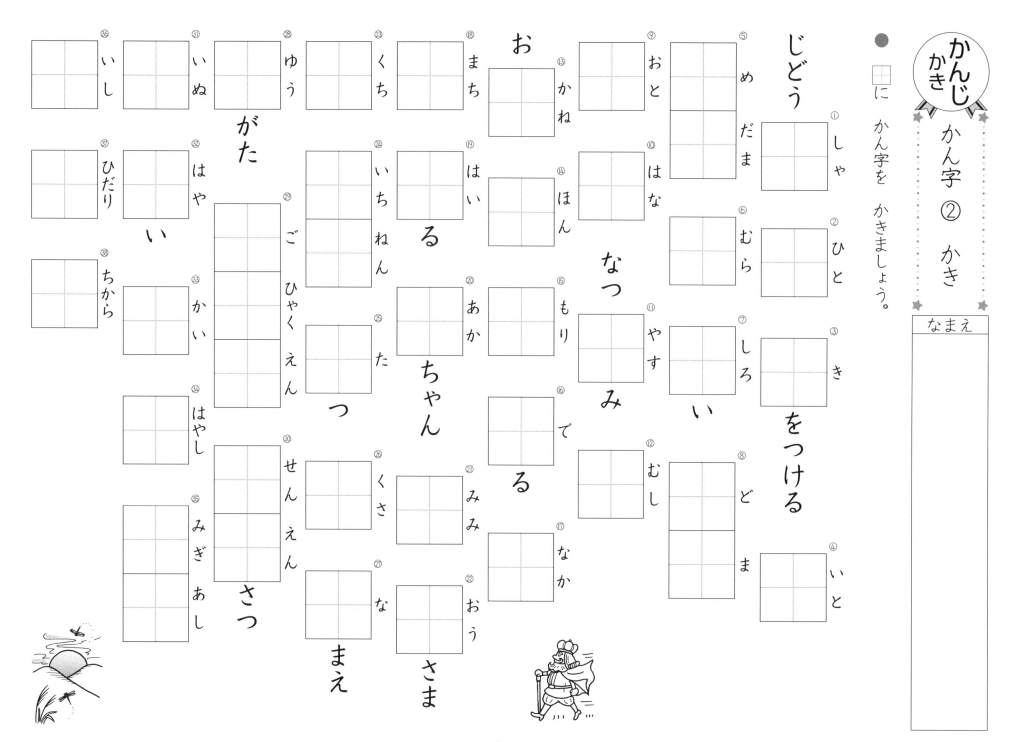

かんじよみ

かん字③ よみ

なまえ

(1) ――せんの よこに よみがなを かきましょう。

あたまの ①先 つり ②上げる ③糸車

④下りる うち ⑤中 ⑥生まれる

⑦出す ⑧年をとる かいだんを ⑨上る

⑩文字 ⑪玉入れ ⑫川下 ⑬十一月

(2) 日づけの よみがなを かきましょう。

⑭一日 ⑮二日 ⑯三日

⑰四日 ⑱五日 ⑲六日

⑳七日 ㉑八日 ㉒九日 ㉓十日

(3) ものを かぞえる ときの よみかたで よみがなを かきましょう。

㉔一つ ㉕二つ ㉖三つ ㉗四つ ㉘五つ

㉙六つ ㉚七つ ㉛八つ ㉜九つ ㉝十

かんじ かき

かん字 ③ かき

なまえ

● □に かん字を かきましょう。

あたまの ①さき□ つり

②あ□げる

③いとぐるま□□

④お□りる うち

⑤じゅう□

⑥う□まれる

⑦だ□す

⑧とし□をとる

かいだんを ⑨のぼ□る

⑩もじ□□

⑪たまい□□れ

⑫かわしも□□

⑬じゅういちがつ□□□

⑭ついたち□□

⑮ふつか□□

⑯みっか□□

⑰よっか□□

⑱いつか□□

⑲むいか□□

⑳なのか□□

㉑ようか□□

㉒ここのか□□

㉓とうか□□

㉔ひと□つ

㉕ふた□つ

㉖みっ□つ

㉗よっ□つ

㉘いっ□つ

㉙むっ□つ

㉚なな□つ

㉛やっ□つ

㉜ここの□つ

㉝とお□

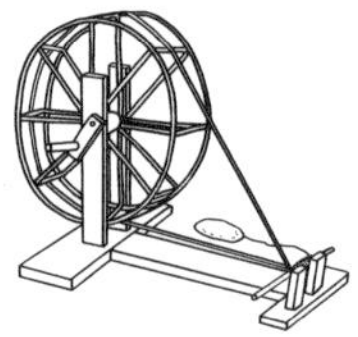

かんじ かき

かん字 まとめ

なまえ

● □に かん字を かきましょう。

①□□□《いちねんせい》
②□《に》
③□《さん》
④□《よん・し》
⑤□《ご》
⑥□《ろく》
⑦□《なな・しち》
⑧□《はち》
⑨□《きゅう》
⑩□《じゅう・じっ》
⑪□□□《ひゃくえんだま》
⑫□□《せんえん》さつ
⑬□《げつ》
⑭□《か》
⑮□《すい》
⑯□《もく》
⑰□《きん》
⑱□《ど》
⑲□《にち》
⑳□《うえ》と ㉑□《した》
㉒□《みぎ》と ㉓□《ひだり》
㉔□《で》る
㉕□《はい》る
㉖□《おお》きい
㉗□《ちゅう》ぐらい
㉘□《ちい》さい
㉙□《あお》
㉚□《あか》
㉛□《しろ》
㉜□《おとこ》の ㉝□《こ》
㉞□《おんな》の ㉟□《こ》
㊱□《て》
㊲□《あし》
㊳□《め》
㊴□《みみ》
㊵□《くち》
㊶□《てん》と ㊷□《そら》
㊸□《もり》と ㊹□《はやし》
㊺□《やま》と ㊻□《かわ》
㊼□《くさ》
㊽□《はな》
㊾□《いし》
⑬□《まち》と ⑬□《むら》
⑬□□《がっこう》
⑬□□《せんせい》
⑬□《な》まえ
⑬□《ただ》しい
⑬□《じ》
㊿□《ほん》
(51)□《ぶん》
(52)□《いと》
(53)□《ゆう》やけ
(54)□《き》もち
(55)□《あめ》の (56)□《おと》
だいに (57)□《た》つ
(58)□《おう》さま
(59)□《ひと》
(60)□《いぬ》
(61)□《むし》
(62)□《くるま》
(63)□《かい》がら
(64)□《たけ》
(65)□《た》んぼ
(66)□□《たまいれ》れ
(67)□《はや》い
(68)□《ちから》もち
(69)□《やす》む
(70)□《み》る

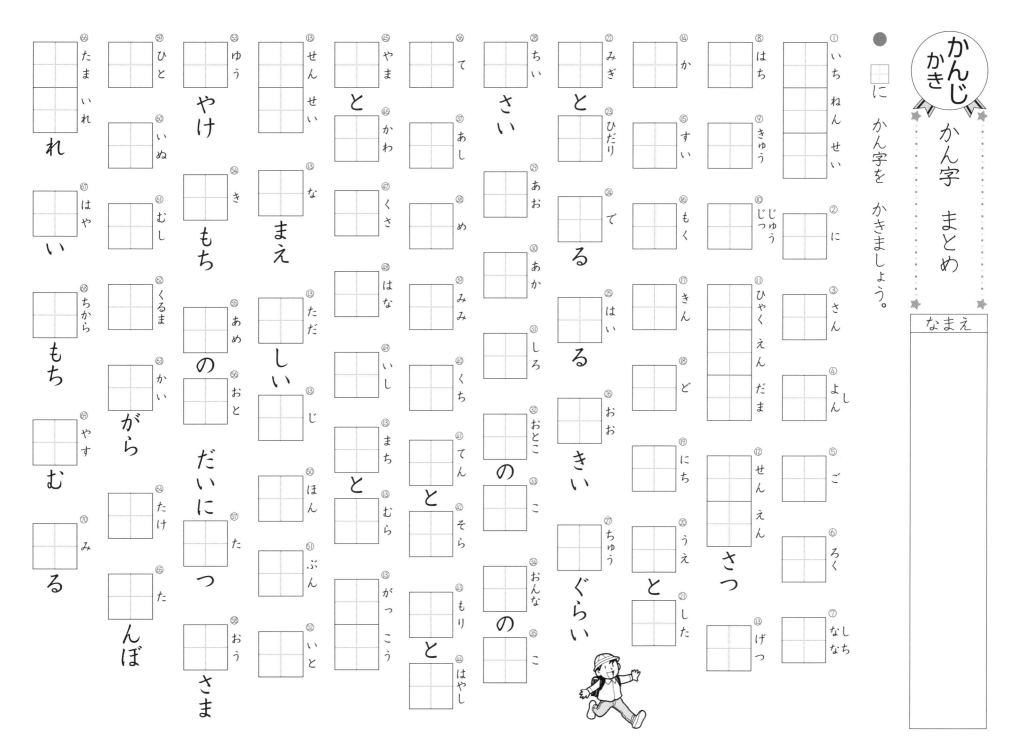

9頁

うたに あわせて あいうえお (1)

なまえ

(1) くちを おおきく あけて よみましょう。

あかるい
あさひだ
あいうえお

いい こと
いろいろ
あいうえお

うたごえ
うきうき
あいうえお

えがおで
えんそく
あいうえお

おいしい
おむすび
あいうえお

☆ ぶんの いちばん うえの じを のこして ほかを かくしてみよう。よめるかな。

(令和六年度版 光村図書 こくご 一上 かざぐるま 「うたに あわせて あいうえお」による)

(2) くちの かたちに あう ひらがなを せんで むすびましょう。

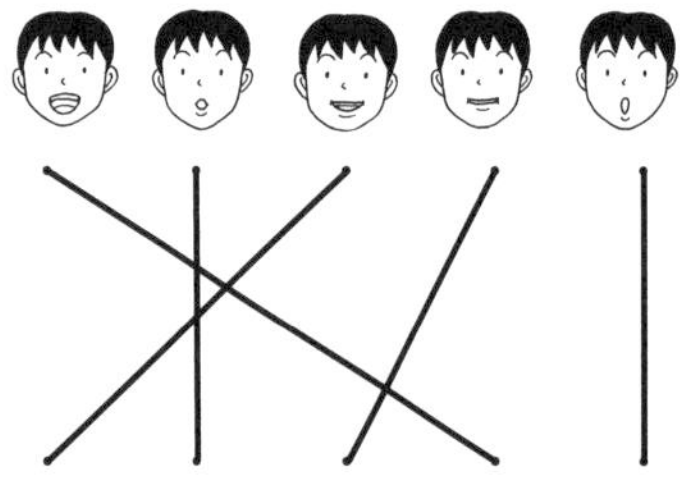

お あ い う え

9

10頁

うたに あわせて あいうえお (2)

なまえ

(1) あいうえお を かきましょう。

あいうえお

あいうえお

あいうえお

(2) つぎの なまえを かきましょう。

あり いす うし えき おに

あみ いぬ うきわ えんとつ おにぎり

10

11頁

あさの おひさま

なまえ

あさの おひさま

あさの おひさま
おおきいな
のっこり うみから
おきだした

あさの おひさま
あかい かお
ざぶんと うみで
あらったよ

(令和六年度版 光村図書 こくご 一上 かざぐるま かんざわ としこ)

● うえの しを よんで こたえましょう。

(1) あさの おひさまは どんな おひさまですか。ひとつ ○を つけましょう。

( ) きれいな おひさま
( ) ちいさい おひさま
(○) おおきい おひさま

(2) おひさまは どこから おきだしましたか。

うみ

(3) おひさまは どんなふうに おきだしましたか。

のっこり

(4) おひさまの かおは なにいろですか。ひとつ ○を つけましょう。

( ) あおいろ
(○) あかいろ
( ) しろいろ

11

12頁

はなの みち

なまえ

くまさんが、
ふくろを みつけました。
「おや、なにかな。
いっぱい はいって いる。」

くまさんが、ともだちの
りすさんに、
ききに いきました。

くまさんが、
ふくろを あけました。
なにも ありません。
「しまった。
あなが あいて いた。」

あたたかい かぜが
ふきはじめました。

ながい ながい、
はなの
いっぽんみちが
できました。

(令和六年度版 光村図書 こくご 一上 かざぐるま おか のぶこ)

● うえの ぶんを よんで こたえましょう。

(1) くまさんは ふくろを みつけた とき なんと いいましたか。

「おや、なにかな。
いっぱい はいって いる。」

(2) くまさんは だれに ききに いきましたか。

りす さん

(3) ふくろを あけたとき なにも なかったのは なぜですか。

ふくろに あな が あいて いたから。

(4) ひだりの えが おはなしの じゅんに なるように ○に ばんごうを かきましょう。

12

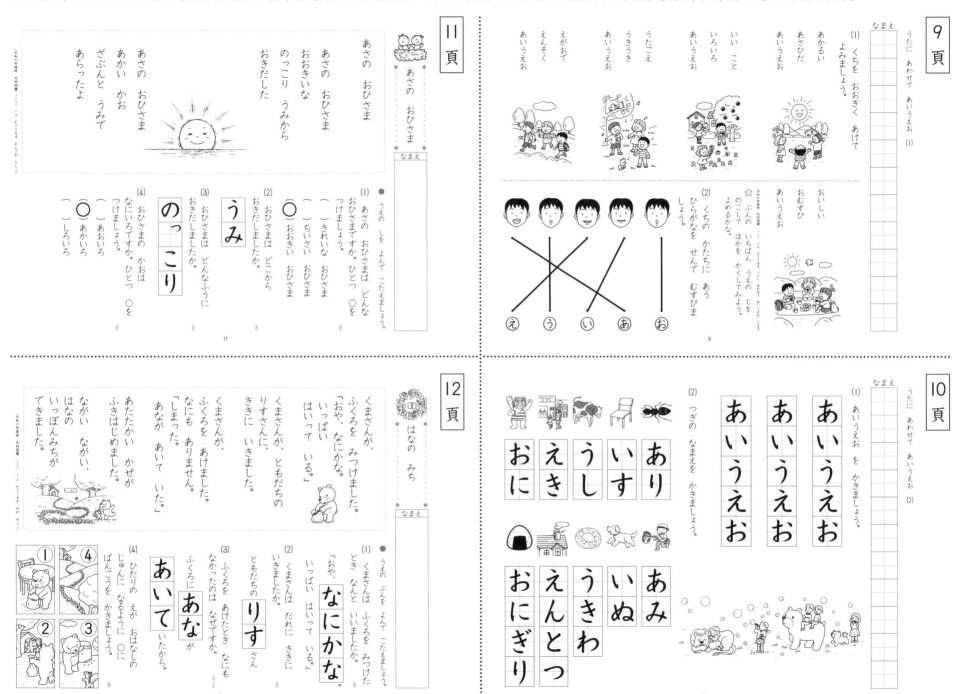

解答例

本書の解答は，あくまでもひとつの例です。児童に取り組ませる前に，必ず指導される方が問題を解いてください。指導される方の作られた解答をもとに，児童の多様な考えに寄り添って○つけをお願いします。

13頁

かきと　かぎ

なまえ

(1) ゛を　つけると　どんな　ことばに　なりますか。

① かき → かぎ

② さる → ざる

③ こま → ごま

④ からす → がらす

(2) つぎの　なまえを　゛に　ちゅういして　かきましょう。

① ぶた

② ぶどう

③ うさぎ

● つぎの　なまえを　いいましょう。

14頁

ぶんを　つくろう
ねこと　ねっこ

なまえ

(1) えを　みて　ぶんを　つくりましょう。

① とりが　とぶ。

② さるが　うたう。

③ さかなが　およぐ。

(2) つぎの　なまえを　かきましょう。

① ねこ

② ねっこ

③ きつね

④ きって

(3) つぎの　なまえを　っや　°に　きを　つけて　かきましょう。

① らっぱ

② にっき

③ しっぽ

④ はっぱ

⑤ らっこ

⑥ ばった

15頁

わけを　はなそう

なまえ

● どの　どうぶつが　みたいですか。ひだりの　えから　えらんで　□に　かきましょう。その　わけを　はなしましょう。

(れい)
① ぼくは　ぱんだ　が　みたいです。
なぜかと　いうと　からだのいろ　が　おもしろい　からです。

(れい)
② わたしは　きりん　が　みたいです。
どうしてかと　いうと　くび　が　ながい　からです。

16頁

おばさんと
おばあさん

なまえ

(1) えに　あう　ことばを　かきましょう。

① おばさん
おばさん

② おばあさん
おばあさん

③ ゆうやけ
ゆうやけ

④ おねえさん
おねえさん

⑤ ほうき
ほうき

(2) 「へ」を　つかった　ぶんを　かきましょう。

(例) こうえんへ　いく。

(例) ゆうえんちへ　いく。

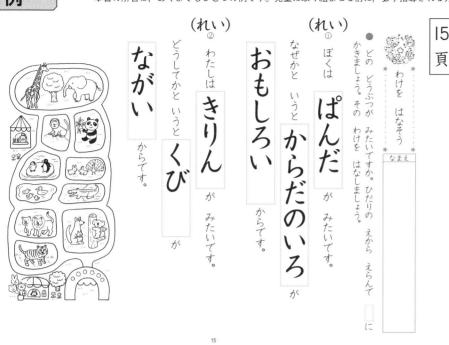

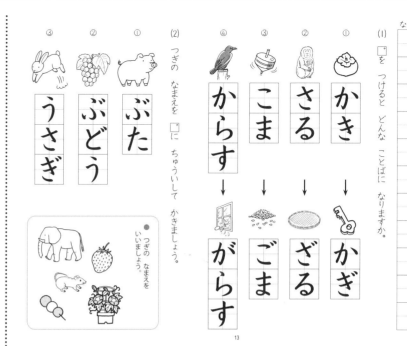

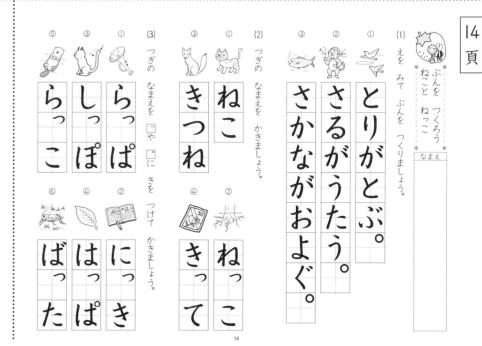

本書の解答は，あくまでもひとつの例です。児童に取り組ませる前に，必ず指導される方が問題を解いてください。指導される方の作られた解答をもとに，児童の多様な考えに寄り添って○つけをお願いします。

解答例

17頁

あいうえおで あそぼう (1)

※ みぎききの ひとは みぎの ますに，ひだりききの ひとは ひだりの ますに かきましょう。

なまえ

(1) うえの ひょうに ひらがなを かきましょう。

(略)

あいうえお
かきくけこ
さしすせそ
たちつてと
なにぬねの

(2) しりとりを しましょう。○の なかに ひらがなを かきましょう。

①   
いるか → からす → すいか

②   
たぬき → きつね → ねこ

18頁

あいうえおで あそぼう (2)

※ みぎききの ひとは みぎの ますに，ひだりききの ひとは ひだりの ますに かきましょう。

なまえ

(1) うえの ひょうに ひらがなを かきましょう。

(略)

はひふへほ
まみむめも
や(い)ゆ(え)よ
らりるれろ
わ(い)(う)(え)を
ん

(2) しりとりを しましょう。○の なかに ひらがなを かきましょう。

①   
りんご → ごりら → らっぱ

②   
はちみつ → つみき → きんぎょ

19頁

つぼみ (1)

なまえ

ふうせんのような かたちを した つぼみです。
これは、なんの つぼみでしょう。

これは、ききょうの つぼみです。
さきの ほうから いつつに わかれて、ひらいて いきます。
そして、とちゅうからは つながった まま、はなが さきます。

(令和六年度版 光村図書 こくご 一上 かざぐるま かわきた あつし)

● うえの ぶんを よんで こたえましょう。

(1) どんな つぼみですか。 (20×2)

ふうせん のような かたち を した つぼみ。

(2) これは、なんの つぼみですか。 (20)

これは、ききょう の つぼみです。

(3) さきの ほうから いくつに わかれて ひらいて いきますか。 (20)

いつつ

(4) とちゅうからは どのように はなが さきますか。ひとつに ○を つけましょう。 (20)

( ) ごまいに わかれて はなが さく。
( ) ふうせんのように まるい はなが さく。
(○) つながった まま はなが さく。

20頁

つぼみ (2)

なまえ

● えを みて、「は」を つかった ぶんを かきましょう。

① これは、なんの はなでしょう。

これは、あさがおの はなです。

② これは、なんの はなでしょう。

これは、ぞうの はなです。

③ これは、なんの たねでしょう。

これは、ひまわりの たねです。

④ これは、なんの くちばしでしょう。

これは、おうむの くちばしです。

本書の解答は，あくまでもひとつの例です。児童に取り組ませる前に，必ず指導される方が問題を解いてください。指導される方の作られた解答をもとに，児童の多様な考えに寄り添って〇つけをお願いします。

21頁

おもちゃと おもちゃ

なまえ

(1) えを みて、ひらがなで ことばを かきましょう。(9×10)

① こうちゃ　**こうちゃ**

② くじゃく　**くじゃく**

③ きんぎょ　**きんぎょ**

④ あくしゅ　**あくしゅ**

⑤ じょうろ　**じょうろ**

④ ひょう　**ひょう**

⑦ きゅうしょく　**きゅうしょく**

⑧ ひょっとこ　**ひょっとこ**

⑨ ぎゅうにゅう　**ぎゅうにゅう**

⑩ 100ぴき　ひつじが **ひゃっぴき**

(2) えを みて、ただしい ことばに 〇を つけましょう。(5×2)

① ( ) じてんしや　(〇) じてんしゃ

② ( ) しよっき　(〇) しょっき　( ) しよつき

22頁

おおきく なった

なまえ

● あさがおの かんさつて、わかったことを カードに かきました。つぎの カードの ぶんしょうを よんで こたえましょう。

〇がつ 〇にち

はっぱが でたよ

うえもり ゆき

ふたばが でました。ほんばも でました。ほんばは わたしの てと おなじぐらいの おおきさです。

(1) どんな はっぱが でましたか。ふたつ かきましょう。

ふたば と **ほんば**

(2) ほんばは どのぐらいの おおきさですか。ひとつに 〇を つけましょう。

( ) ふたばと おなじぐらいの おおきさ。

(〇) わたしの てと おなじぐらいの おおきさ。

( ) こくごの きょうかしょと おなじぐらいの おおきさ。

23頁

おおきな かぶ (1)

なまえ

おばあさんは、まごを よんで きました。

かぶを おじいさんが ひっぱって、おじいさんを おばあさんが ひっぱって、おばあさんを まごが ひっぱって、

「うんとこしょ、どっこいしょ。」

やっぱり かぶは ぬけません。

（令和六年度版 光村図書 こくご 一上 かざぐるま ロシアみんわ さいごう たけひこ やく）

● うえの ぶんを よんで こたえましょう。

(1) おばあさんは、だれを よんで きましたか。⑳

まご

(2) おじいさんは なにを ひっぱりましたか。⑳

かぶ

(3) おばあさんは だれを ひっぱりましたか。⑳

おじいさん

(4) まごは だれを ひっぱりましたか。⑳

おばあさん

(5) かぶは どうなりましたか。⑳

ぬけません。

24頁

おおきな かぶ (2)

なまえ

ねこは、ねずみを よんで きました。

かぶを おじいさんが ひっぱって、おじいさんを おばあさんが ひっぱって、おばあさんを まごが ひっぱって、まごを いぬが ひっぱって、いぬを ねこが ひっぱって、ねこを ねずみが ひっぱって、

「うんとこしょ、どっこいしょ。」

とうとう、かぶは ぬけました。

（令和六年度版 光村図書 こくご 一上 かざぐるま ロシアみんわ さいごう たけひこ やく）

● うえの ぶんを よんで こたえましょう。

(1) ねこは、だれを よんで きましたか。⑳

ねずみ

(2) かぶを ひっぱった じゅんに なるように したの □ から えらんで あいうえおを □に かきましょう。(2×5)

かぶ ← **お** ← **え** ← **う** ← いぬ ← **い** ← **あ**

あ ねずみ　い ねこ　う まご　え おばあさん　お おじいさん

(3) かぶは どうなりましたか。⑳

ぬけました

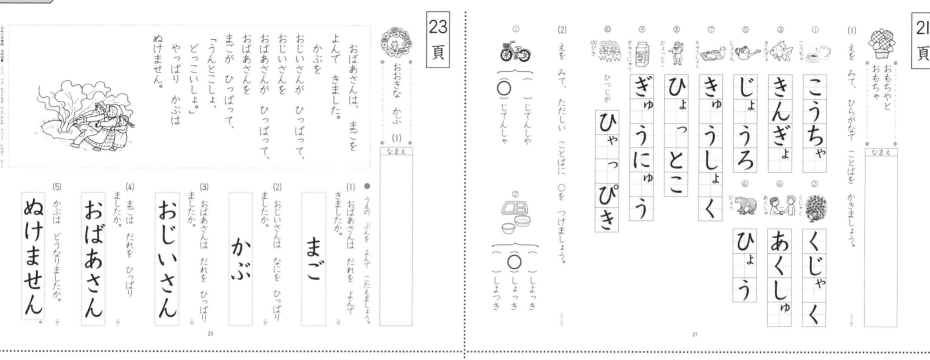

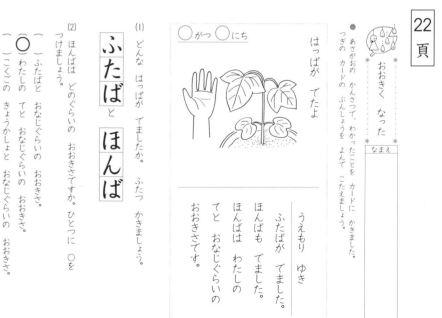

25頁

ⓗⓞⓔを　つかおう　(1)

なまえ

● えを　みて　ぶんを　つくりましょう。

① 
わには、あるく。

② 
うまは、はしる。

③ 
つばめは、とりだ。

④ 
ごはんを、たべる。

⑤ 
てを、あらう。

⑥ 
ふたを、あける。

⑦ 

みぎへ、まがる。

⑧ 

もりへ、いく。

26頁

ⓗⓞⓔを　つかおう　(2)

なまえ

(1) えを　みて　ぶんを　つくりましょう。

① 
わには　かお　を　あらう　。

② 
わたしは　おやつ　を　たべる　。

③ 
ぼくは　こうえん　へ　いく　。

④ 
ぼくは　へや　へ　はいる　。

(2) □に　あう　じを　えらんで　かきましょう。

① 〔わ〕（わ・は）には　いえ〔へ〕（え・へ）かえります。

② 〔お〕（お・を）かあさんを〔え〕（え・へ）き〔へ〕（え・へ）むかえ〔え〕（え・へ）に　いきます。

③ 〔お〕（お・を）じいさんは　やま〔へ〕（え・へ）しばかりに、

〔お〕（お・を）ばあさんは　かわ〔へ〕（え・へ）せんたくに　いきました。

④ きいろい〔は〕（わ・は）な〔は〕（わ・は）、ひまわりです。

⑤ 〔わ〕（わ・は）たし〔は〕（わ・は）なわ〔わ〕（わ・は）とびを　しました。

27頁

すきな　こと、なあに

なまえ

(1) つぎの　ぶんを　てん・まる・ますめに　きを　つけて　かきましょう。

※みぎききの　ひとは　みぎの　ますに、ひだりききの　ひとは　ひだりの　ますに　かきましょう。

いずみ　あきと

ぼくは、えをかくことがすきです。たくさんのいろでかくと、たのしいからです。

(略)

(2) したの　ぶんを　よこの　ますに　かきましょう。

わたしは、たべることがすきです。たべると、げんきがでるからです。

（令和六年度版　光村図書　こくご　一上　かざぐるま「すきな　こと、なあに」による）

わたしは、たべることがすきです。たべると、げんきがでるからです。

28頁

おむすび　ころりん　(1)

なまえ

これは　これは　おもしろい。
ふたつめ　ころんと　ころがすと、
きこえる　きこえる　おなじ　うた。
おむすび　ころりん　すっとんとん。
ころころ　ころりん　すっとんとん。

おなかが　すいてる　ことなんか、
わすれて　しまった　おじいさん。
うたに　あわせて　おどりだす。
おむすび　ころりん　すっとんとん。
ころころ　ころりん　すっとんとん。

（令和六年度版　光村図書　こくご　一上　かざぐるま　はそべ　ただし）

● うえの　ぶんを　よんで　こたえましょう。

(1) これは　これは　おもしろい。とは　なにが　おもしろいのですか。○を　つけましょう。(10)

（　）うたに　あわせて　おどりだすこと。

（○）おむすびを　あなの　なかに　ころがすと　うたが　きこえること。

(2) おじいさんは　どんな　ことを　わすれて　しまったのですか。(15×2)

おなか　が　すいてる　こと。

(3) おじいさんは　どんな　うたに　あわせて　おどりだしましたか。かきましょう。(15×4)

おむすび　ころりん　すっとんとん。

ころころ　ころりん　すっとんとん。

解答例

本書の解答は，あくまでもひとつの例です。児童に取り組ませる前に，必ず指導される方が問題を解いてください。指導される方の作られた解答をもとに，児童の多様な考えに寄り添って○つけをお願いします。

29 頁

おむすび ころりん (2)

なまえ

とうとう あしを すべらせて、
じぶんも あなへ すっとんとん、
ねずみの おうちに とびこんだ。
おじいさん ころりん すっとんとん。
おむすび たくさん ㋐ありがとう。
おいしい ごちそう さあ どうぞ。
ねずみの おどりを みて ください。
おれいに こづちを あげましょう。

おれいの こづちを てに もって、
おうちに かえって おばあさんと、
おどった おどった すっとんとん。
こづちを ふり ふり すっとんとん。

すると どう した ことだろう。
こづちを ふる たび、
あれ あれ あれ、
しろい おこめが ざあらざら。
きんの こばんが ざっくざく。

それから ㋑ふたりは いつまでも、
なかよく たのしく くらしたよ。
おむすび ころりん すっとんとん。
ころころ ころりん すっとんとん。

（令和六年度版 光村図書 こくご 一上 かざぐるま はそべ ただし）

● うえの ぶんを よんで こたえましょう。

(1) だれが だれに㋐ありがとうと いって いますか。

ねずみ が **おじいさん** に

(2) おじいさんは、ねずみから おれいに なにを もらいましたか。

こづち

(3) こづちを ふる たび なにが でて きましたか。ふたつ かきましょう。

しろい おこめ

きんの こばん

(4) ㋑ふたりとは、だれと だれの ことですか。

おじいさん と **おばあさん**

29

30 頁

こんな ことが あったよ

なまえ

● つぎの ぶんを よんで こたえましょう。

せんこうはなび

あべ つぐみ

わたしは、どようびに、にわで、かぞくとはなびをしました。

せんこうはなびが、とてもきれいでした。いつまでもみていたいとおもいました。

（令和六年度版 光村図書 こくご 一上 かざぐるま 「こんな ことが あったよ」による）

(1) あべさんが した ことは なんですか。

はなび

(2) どこで しましたか。

にわ

(3) だれと しましたか。

かぞく

(4) あべさんは どんなことを おもいましたか。ふたつ かきましょう。

・せんこうはなびが、**とてもきれい** でした。

・**いつまでも** **みていたい** と おもいました。

30

31 頁

としょかんと なかよし

なまえ

(1) ほんが たくさん おいて ある ところは どこですか。□から えらんで かきましょう。

たいいくかん
きゅうしょくしつ
としょかん

（**としょかん**）

(2) ほんを みてみましょう。
㋐の ところと ㋑の ところは なんと いいますか。——せんで むすびましょう。

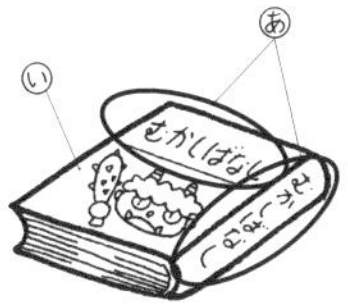

㋐ ひょうし
㋑ だいめい

(3) あなたは どんな ほんが よみたいですか。よみたい ほんの なまえを かきましょう。

（例）（**はなのみち**）

(4) ほんを よんだ ときや、よんで もらった ときは、だいめいや、よんだ ひを 「どくしょかあど」に かいて おきましょう。

どんな ことを かくと いいですか。あてはまる ことばを ㋐㋑㋒から えらんで、□に、㋐㋑㋒を かきましょう。

どくしょかあど	
6/25	7/1
ちいさいおうち	けんだましょうぶ
○	◎

㋐（日づけ）
㋒（だいめい）
㋑（しるし）

㋐ よんだ ひ
㋑ おもしろかった しるし
㋒ だいめい

31

32 頁

いちねんせいの うた

なまえ

いちねんせいの うた

あおい そらの こくばんに
なに かこう

うでを のばし
ちからを こめて
まっすぐ
いちねんせいの 一《いち》

ぼくも かく
わたしも かく
いちねんせいの
いちばん はじめの 一

おひさま みてる
かぜが ふく

（令和六年度版 光村図書 こくご 一上 かざぐるま なかがわ りえこ）

● うえの しを よんで こたえましょう。

(1) こくばんは どこに ありますか。

あおい **そら**

(2) どのように かこうと いって いますか。

うでを **のばし**、ちからを **こめて** かく。

(3) まっすぐ なにを かくのですか。

いちねんせい の **一**

(4) だれが みて いますか。

おひさま

(5) おひさまは どんな きもちで みて いると おもいますか。あなたの おもった ことを かきましょう。

（略）

32

33頁

みんなに　しらせよう

なまえ

ぼくは、まいにち、あさがおの　みずやりを　しました。なつやすみに、きれいな　はなが、たくさん　さきました。

（令和六年度版　光村図書　こくご一上　かざぐるま「みんなに　しらせよう」による）

● うえの　ぶんを　よんで　こたえましょう。

(1) ぼくは　まいにち　なにを　しましたか。

あさがおの　みずやり

(2) いつ　どんな　はなが　たくさん　さきましたか。

いつ　なつやすみ

どんな　きれいな　はな

(3) みんなの　まえで　おはなしを　します。おはなしの　しかたで　ただしいものに　ふたつ　○を　つけましょう。

（　）はやくちことばの　ように　はやく　はなす。

（○）ききやすい　こえの　おおきさで　はなす。

（○）みんなが　ききやすい　はやさで　はなす。

（　）ないしょばなしを　するときの　ように　ちいさな　こえで　はなす。

(4) あなたが　たのしみに　して　いる　ことや　がんばって　いる　ことを　みんなに　はなしてみましょう。

（略）

33

34頁

ことばを　みつけよう

なまえ

(1) いぬ の　ように、たてに　かくれて　いる　ことばを　10こ　みつけて、（　）に　かきましょう。

い	ち	ね	ん	せ	い	う	み
ぬ	た	こ	お	ん	ぷ	し	か
あ	り	ま	く	ま	な	り	ん
ひ	と	え	き	ご	つ	と	そ
つ	け	も	ぐ	ら	や	り	ら
じ	い	も	だ	は	す	ず	め
え	ほ	ん	い	ち	み	い	だ
ひ	び	し	く	さ	ん	ぽ	か

（みかん）（めだか）（とり）（まご）（だいく）（まえ）（とけい）（ひつじ）

（そら）（うし）（なつやすみ）（はち）（ねこ）（もも）（いぬ）

(2) あり の　ように、よこに　かくれて　いる　ことばを　10こ　みつけて、（　）に　かきましょう。

い	ち	ね	ん	せ	い	う	み
ぬ	た	こ	お	ん	ぷ	し	か
あ	り	ま	く	ま	な	り	ん
ひ	と	え	き	ご	つ	と	そ
つ	け	も	ぐ	ら	や	り	ら
じ	い	も	だ	は	す	ず	め
え	ほ	ん	い	ち	み	い	だ
ひ	び	し	く	さ	ん	ぽ	か

（いちねんせい）（たこ）（しか）（くま）（えき）（すずめ）（さんぽ）

（うみ）（おんぷ）（あり）（ひと）（もぐら）（えほん）

34

35頁

やくそく　(1)

なまえ

「みんな、もっと　うえまで　のぼって、そとの　せかいを　みて　ごらん。」

あおむしたちは、いわれた　とおりに、のぼって　いきました。

いちばん　たかい　えだに　つくと、さんびきは、めを　まるく　しました。

この　おおきな　木は、はやしの　なかの　たった　いっぽんだったのです。

「ぼくら、こんなに　ひろい　ところに　いたんだね。」

「そらも、こんなに　ひろいんだね。」

とおくには、うみが　みえます。

（令和六年度版　光村図書　こくご一上　かざぐるま　こかぜ　さち）

● うえの　ぶんを　よんで　こたえましょう。

(1) あおむしたちは　どこまで　のぼって　いきましたか。

いちばん　たかい　えだ

(2) さんびきとは　だれの　ことですか。

あおむし　たち

(3) さんびきが、めを　まるく　したのは　なぜですか。

この　おおきな　木が　はやしの　なかの　たった　いっぽんだったから。

(4) とおくには、なにが　みえますか。

うみ

35

36頁

やくそく　(2)

なまえ

あおむしたちは、まだ　うみを　しりません。

「あの　ひかって　いる　ところは、なんだろう。」

さんびきは、えだに　ならぶと、せのびを　しました。

「きれいだね。からだが　ちょうに　かわったら、あそこまで　とんで　みたいな。」

「わたしも、あそこまで　とんで　みたい。」

「それなら、みんなで　いこう。」

さんびきの　あおむしは、やくそくを　しました。

そして、くんねり　くんねり　おりて　いきました。

木の　はが、さらさら　そよいで　います。

（令和六年度版　光村図書　こくご一上　かざぐるま　こかぜ　さち）

● うえの　ぶんを　よんで　こたえましょう。

(1) あおむしたちが　まだ　しらない　ことは　なんですか。

うみ

(2) あおむしたちは、うみの　ことを　どんなところだと　いって　いますか。

あの　ひかって　いる　ところ。

(3) あおむしは、からだが　なにに　かわったら　あそこまで　とんで　みたいと　いって　いますか。

ちょう

(4) あおむしたちが　した　やくそくとは、どんな　ことですか。あてはまる　ことばを　かきましょう。

「それなら　みんなで　いこう。」

36

解答例

本書の解答は，あくまでもひとつの例です。児童に取り組ませる前に，必ず指導される方が問題を解いてください。指導される方の作られた解答をもとに，児童の多様な考えに寄り添って〇つけをお願いします。

37頁

かたかなを みつけよう

なまえ

コップに ぎゅうにゅう
おさらに サラダ
パンには ジャムを
つけましょう
スープは スプーンで
のみましょう
ゼリーは しょくごの
おたのしみ

（令和六年度版 光村図書 こくご 一上 かざぐるま「かたかなを みつけよう」による）

(1) うえの ぶんの なかから かたかなを みつけて かきましょう。

① コップ
② サラダ
③ パン
④ ジャム
⑤ スープ
⑥ スプーン
⑦ ゼリー

(2) つぎの えを みて かたかなで なまえを かきましょう。

①  スコップ
②  ボール
③  ランドセル

37

38頁

うみの かくれんぼ

なまえ

たこは、からだの
いろを かえる
ことが できます。
まわりと おなじ
いろに なって、
じぶんの からだを
かくします。

もくずしょいは、
はさみで、かいそうなどを
小さく きる ことが
できます。
かいそうなどを
からだに つけて、
かいそうに へんしん
するのです。

（令和六年度版 光村図書 こくご 一上 かざぐるま「うみの かくれんぼ」による）

● うえの ぶんを よんで こたえましょう。

(1) たこは なにを かえる ことが できますか。

からだのいろ

(2) たこは どうやって じぶんの からだを かくしますか。ひとつに ○を つけましょう。

（ ）すなに もぐって
（○）まわりと おなじ いろに なって

(3) もくずしょいは なにを つかって かいそうなどを 小さく きりますか。

はさみ

(4) もくずしょいは なにに へんしんするのですか。

かいそう

38

39頁

かずと かんじ (1)

なまえ

(1) つぎの ぶんしょうを よみましょう。

一 （いち）（いっ） ひとつ　一つ たたくと、こぶたが 一ぴき。
二 に ふたつ　二つ たたくと、こぶたが 二ひき。
三 さん みっつ　三つ たたくと、こぶたが 三びき。
四 し よん よっつ　四つ たたくと、こぶたが 四ひき。
五 ご いつつ　五つ たたくと、こぶたが 五ひき。
六 ろく（ろっ） むっつ　六つ たたくと、こぶたが 六ぴき。
七 しち なな ななつ　七つ たたくと、こぶたが 七ひき。
八 はち（はっ） やっつ　八つ たたくと、こぶたが 八ひき。
九 く きゅう ここのつ　九つ たたくと、こぶたが 九ひき。
十 じゅう じっ（じゅっ） とお　十 たたくと、こぶたが 十ぴき。
のはらは、こぶたで いっぱいだ。

（令和六年度版 光村図書 こくご 一上 かざぐるま「かずと かんじ」による）

(2) □に あてはまる ことばを かきましょう。

① おにぎりが 一 こ（つ）
② おりがみが 三 まい
③ にんじんが 六 ぽん
④ くるまが 八 だい

39

40頁

かずと かんじ (2)

なまえ

(1) □に かんじを れんしゅう しましょう。（ ）に よみがなを かきましょう。

一（いち） 一 一
二（に） 二 二
三（さん） 三 三
四（よん）（し） 四 四
五（ご） 五 五
六（ろく） 六 六
七（なな）（しち） 七 七
八（はち） 八 八
九（きゅう）（く） 九 九
十（じゅう） 十 十

(2) かんじの よみがなを かきましょう。

一つ（ひと） 二つ（ふた） 三つ（みっ）
四つ（よっ） 五つ（いつ） 六つ（むっ）
七つ（なな） 八つ（やっ） 九つ（ここの）
十（とお）

(3) 〈れい〉に ならって、（ ）に かぞえかたを かきましょう。

〈れい〉 えんぴつ （二ほん）
① おさら （一まい）
② じどうしゃ （二だい）
③ りんご （三こ）
④ にんじん （四ほん）
⑤ いぬ （五ひき）

(4) えを みて にんずうを ひらがなで かきましょう。

① ひとり
② ふたり
③ さんにん

40

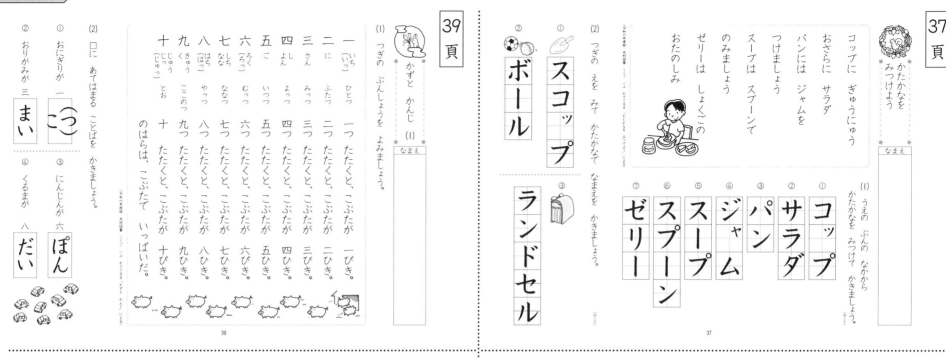

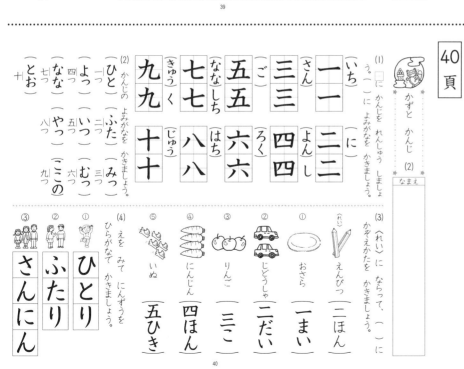

41頁

くじらぐも (1)

なまえ

あ「天まで　とどけ、一、二、三。」
こんどは、五十センチぐらい
とべました。
い「もっと　たかく。もっと
たかく。」
と、くじらが　おうえんしました。
う ㋐「天まで　とどけ、一、二、三。」
その　ときです。
いきなり、
かぜが、みんなを　空へ
ふきとばしました。
そして、
㋑あっと　いう　まに、
先生と
子どもたちは、
手を　つないだ　まま、
くもの　くじらに
のって　いました。
え「さあ、およぐぞ。」
㋒くじらは、青い　青い
空の　なかを、
げんき　いっぱい
すすんで　いきました。
うみの　ほうへ、
むらの　ほうへ、
まちの　ほうへ。
㋓みんなは、
うたを　うたいました。
空は、どこまでも
どこまでも
つづきます。

（令和六年度版　光村図書　こくご　一下　ともだち　なかがわ　りえこ）

● 上の　文を　よんで　こたえましょう。

(1) あいうえの　ことばは、だれが　いった　ことばですか。「みんな」か「くじら」の　どちらかを　かきましょう。（10×4）

あ（みんな）い（くじら）う（みんな）え（くじら）

(2) ㋐その　ときとは、どんな　ときですか。（10）

（「天までとどけ、一、二、三。」と　みんなで　ジャンプしたとき。）

(3) ㋑あっと　いう　まに、先生と　子どもたちは　どうなりましたか。（10）

（手を　つないだ　まま、くもの　くじらに　のって　いました。）

(4) ㋒くじらは、どこの　ほうへ　すすんで　いきましたか。三つ　かきましょう。（10）

（うみ）（むら）（まち）

(5) ㋓みんなは、どこで　うたを　うたいましたか。（10）

（くもの　くじらの　うえ）

41

42頁

くじらぐも (2)

なまえ

あ「おや、もう　おひるだ。」
先生が　うでどけいを
みて、おどろくと、
い「では、かえろう。」
と、㋐くじらは、
まわれみぎを
しました。
しばらく　いくと、
がっこうの　やねが、
みえて　きました。
くじらぐもは、
ジャングルジムの
うえに、みんなを
おろしました。
う「さようなら。」
みんなが
手を　ふった　とき、
四じかんめの
おわりの
チャイムが
なりだしました。
え「さようなら。」
くもの　くじらは、また、
げんき　よく、
青い　空の　なかへ
かえって　いきました。

（令和六年度版　光村図書　こくご　一下　ともだち　なかがわ　りえこ）

● 上の　文を　よんで　こたえましょう。

(1) あ〜えの　ことばは、だれが　いった　ことばですか。「先生」、「みんな」、「くじら」の　どれかを　かきましょう。（10×4）

あ（先生）い（くじら）う（みんな）え（くじら）

(2) ㋐くじらは　なぜ　まわれみぎを　したのですか。（10）

（例）（がっこうに　かえるため。）

(3) みんなが　手を　ふった　とき、なにが　なりだしましたか。（10）

（四じかんめの　おわりの　チャイム）

(4) くもの　くじらは　どんなふうに　どこへ　かえって　いきましたか。（10×2）

① どんなふうに

（げんき　よく）

② どこへ

（青い　空の　なか）

(5) ㋐くじらを　べつの　いいかたで　あらわす　ことばを　うえの　ぶんから　二つ　さがして　かきましょう。（10×3）

（くじらぐも）（くもの　くじら）

42

43頁

まちがいを　なおそう

なまえ

(1) つぎの　文しょうを　よんで　こたえましょう。

きのう、あきの　もの(お)　さがしに　こうえん(え)　いきました。
わたし(わ)、大きな　おちば(お)　みつけました。あかくて、わたしの　手と　おなじくらいの　大きさでした。さわると　かさかさして　いました。

（令和二年度版　光村図書　こくご　一下　ともだち「まちがいを　なおそう」による）

① 「は」「を」「へ」を　正しく　つかって　いますか。まちがいを　みつけて　○で　かこみましょう。（四つ）

② 文の　おわりに　まる（。）が　ついて　いますか。ついて　いない　ところを　みつけて　まる（。）を　つけましょう。（二つ）

③ てん（、）を　つけた　ほうが　よみやすい　ところは　ありませんか。みつけて　てん（、）を　つけましょう。（二つ）

(2) (1)の　文を　正しく　なおして　かきましょう。

きのう、あきのものをさがしに、こうえんへいきました。わたしは、大きなおちばをみつけました。あかくて、わたしの手とおなじぐらいの大きさでした。さわるとかさかさしていました。

43

44頁

しらせたいな、見せたいな

なまえ

● つぎの　文しょうを　よんで　こたえましょう。

ばったのぴょん

もり　とうこ

ぴょんのからだは、みどりとちゃいろです。さわると、とてもかたいです。あたまの先は、とがっています。ながいあしと、みじかいあしがあります。はっぱをやると、すこしずつかじって、むしゃむしゃとたべます。

（令和六年度版　光村図書　こくご　一下　ともだち「しらせたいな、見せたいな」による）

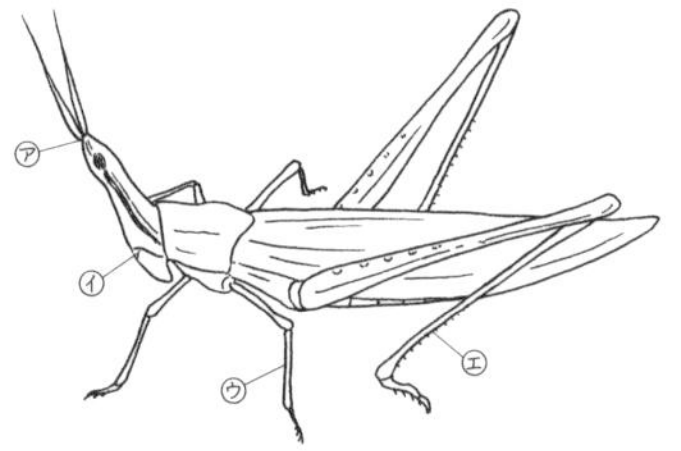

(1) ばったのぴょんの　からだは　なにいろですか。

（みどり）と（ちゃいろ）

(2) さわると　どんな　かんじが　しますか。

（とてもかたい）

(3) かいて　ある　じゅんばんに　なるように、（　）に　すうじを　かきましょう。

（3）えさを　たべる　ようす。
（1）からだの　いろ。
（2）さわった　かんじ。

(4) うえの　えは、ばったのぴょんの　えです。ながい　あしを　みつけて　あてはまる　㋐㋑㋒㋓を（　）に　かきましょう。

（㋓）

44

解答例

本書の解答は，あくまでもひとつの例です。児童に取り組ませる前に，必ず指導される方が問題を解いてください。指導される方の作られた解答をもとに，児童の多様な考えに寄り添って○つけをお願いします。

45頁

かん字の はなし (1)

なまえ

かん字は、はじめは、かんたんな えのような ものでした。

「やま」の すがたから、「山」という かん字が できました。

「みず」の ながれる ようすから、「水」と いう かん字が できました。

空から 「あめ」が ふる ようすから、「雨」と いう かん字が できました。

「うえ」に、ものが ある ことを しめす しるしから、「上」と いう かん字が できました。

「した」に、ものが ある ことを しめす しるしから、「下」と いう かん字が できました。

（令和六年度版　光村図書　こくご　一下　ともだち　「かん字の はなし」による）

● 上の 文を よんで こたえましょう。

(1) かん字は、はじめは どんな ものでしたか。

［かんたん］な ［え］のような もの

(2) つぎの かん字と 下の 文が あうように、せん（—）で むすびましょう。

雨 — 「あめ」が ふる ようす

山 — 「やま」の すがた

水 — 「みず」の ながれる ようす

(3) つぎの せつめいに あう かん字を かきましょう。

① 「うえ」に ものが ある ことを しめす しるしから できた。 ［上］

② 「した」に ものが ある ことを しめす しるしから できた。 ［下］

46頁

かん字の はなし (2)

なまえ

(1) つぎの えや かたちから できた かん字を ひだりの □から えらんで かきましょう。

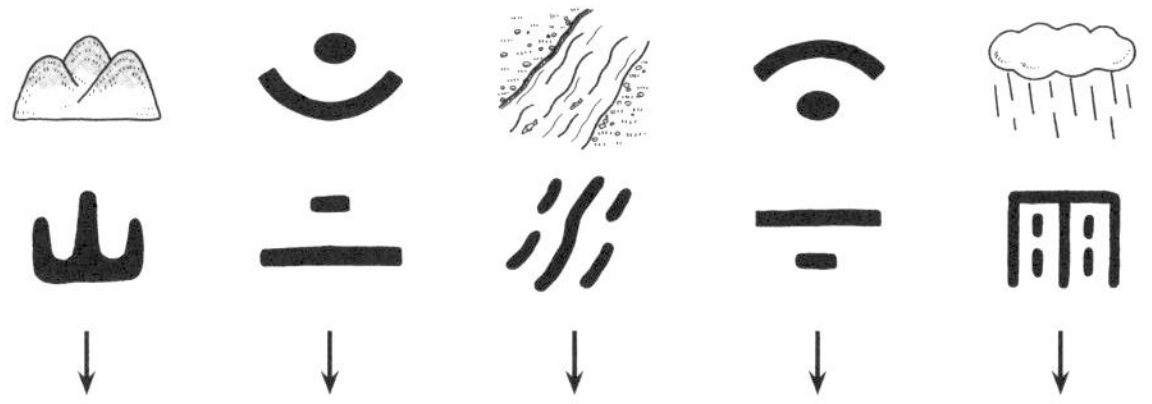

［雨］ ［下］ ［水］ ［上］ ［山］

山　水　雨　上　下

(2) つぎの えから できた かん字を ひだりの □から えらんで かきましょう。

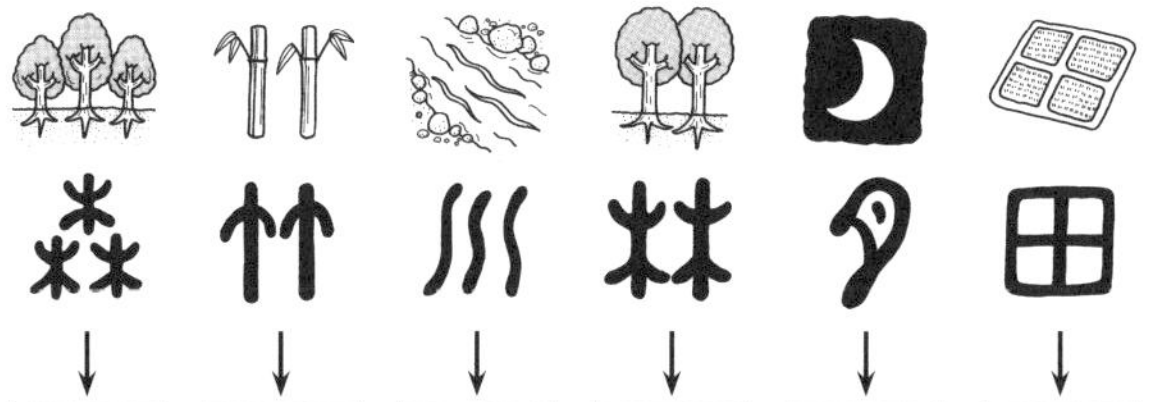

［田］ ［月］ ［林］ ［川］ ［竹］ ［森］

竹　田　川　林　森　月

47頁

じどう車くらべ

なまえ

いろいろな じどう車が、どうろを はしって います。

それぞれの じどう車は、どんな しごとを して いますか。

その ために、どんな つくりに なって いますか。

バスや じょうよう車は、人を のせて はこぶ しごとを して います。

その ために、ざせきの ところが、ひろく つくって あります。

そとの けしきが よく 見えるように、大きな まどが たくさん あります。

（令和六年度版　光村図書　こくご　一下　ともだち　「じどう車くらべ」による）

● 上の 文を よんで こたえましょう。

(1) じどう車は どこを はしって いますか。

［どうろ］

(2) バスや じょうよう車は、どんな しごとを して いますか。

［人を のせて はこぶ しごと］

(3) (2)の しごとを する ために、バスや じょうよう車の ざせきの ところは どのように つくって ありますか。

［ひろく］ つくって あります。

(4) バスや じょうよう車に 大きな まどが たくさん あるのは なぜですか。○を つけましょう。

（ ）ひとを のせて はこぶため。

（○）そとの けしきが よく 見えるように。

48頁

じどう車ずかんを つくろう

なまえ

● つぎの 文を よんで こたえましょう。

きゅうきゅう車は、けがを した人や、びょうきの人を、びょういんへ はこぶしごとを して います。

そのために、うんてんせきの うしろは、ベッドが いれられる ように なって います。

（令和六年度版　光村図書　こくご　一下　ともだち　「じどう車ずかんを つくろう」による）

(1) なんと いう じどう車に ついて かいて ありますか。

［きゅうきゅう車］

(2) どんな 人を どこに はこぶ しごとを して いますか。

［けがを した］人や、［びょうきの］人を、［びょういん］へ はこぶ しごと。

(3) (2)の しごとを する ために どこに ベッドが いれられる ように なって いますか。

［うんてんせきの うしろ］

(4) かいて ある じゅんに 1、2の ばんごうを かきましょう。

（2）車の つくりに ついて。

（1）車の しごとに ついて。

49頁

かたかなを　かこう

なまえ

(1) かたかなで　かきましょう。

キャンプ　キャンプ

ガードレール　ガードレール

ロケット　ロケット

(2) かたかなに　なおして　かきましょう。

へるめっと　ヘルメット

じゃんぐる　ジャングル

じゅうす　ジュース

ちゃんねる　チャンネル

にゅうす　ニュース

しょべるかあ　ショベルカー

けえき　ケーキ

ようぐると　ヨーグルト

しいとべると　シートベルト

けえぶるかあ　ケーブルカー

50頁

たぬきの　糸車　(1)

なまえ

はるに　なって、また、きこりの　ふうふは、山おくの　こやに　もどって　きました。

とを　あけた　とき、おかみさんは、あっと　おどろきました。

いたの間《ま》に、白い　糸の　たばが、山のように　つんで　あったのです。そのうえ、ほこりだらけの　はずの　糸車には、まきかけた　糸まで　かかって　います。

「はあて、ふしぎな。どう　した　こっちゃ。」

おかみさんは、㋐そう　おもいながら、土間《ま》で　ごはんを　たきはじめました。すると、

キーカラカラ　キーカラカラ

キークルクル　キークルクル

と、糸車の　まわる　音が、きこえて　きました。

（令和六年度版　光村図書　こくご　一下　ともだち　きし　なみ）

● 上の　文を　よんで　こたえましょう。

(1) きこりの　ふうふは、いつ、どこに、もどって　きましたか。（10×2）

① いつ　（はる）

② どこ　（山おくの　こや）

(2) おかみさんが「はあて、ふしぎな。どう　した　こっちゃ。」と　おもったのは　なぜですか。二つ　かきましょう。（10×2）

（いたの間に　白い　糸の　たばが　山のように　つんで　あったから。）

（ほこりだらけの　はずの　糸車には、まきかけた　糸まで　かかって　いたから。）

(3) ㋐そう　おもいながら　とあり　ますが、おもって　いた　ことを　かきましょう。（20）

（はあて、ふしぎな。どう　した　こっちゃ。）

(4) 糸車の　まわる　音を　かきましょう。（20）

（キーカラカラ　キーカラカラ　キークルクル　キークルクル）

51頁

たぬきの　糸車　(2)

なまえ

びっくりして　ふりむくと、いたどの　かげから、ちゃいろの　しっぽが　ちらりと　見えました。

㋐そっと　のぞくと、いつかの　たぬきが、じょうずな　手つきで、糸を　つむいで　いるのでした。

たぬきは、㋑つむぎおわると、こんどは、いつも　おかみさんが　して　いた　とおりに、たばねて、わきに　つみかさねました。

たぬきは、ふいに、おかみさんが　のぞいて　いるのに　㋒気が　つきました。

たぬきは、ぴょこんと　そとに　とび下りました。そして、うれしくて　たまらないと　いうように、ぴょんぴょこ　おどりながら　かえって　いきましたとさ。

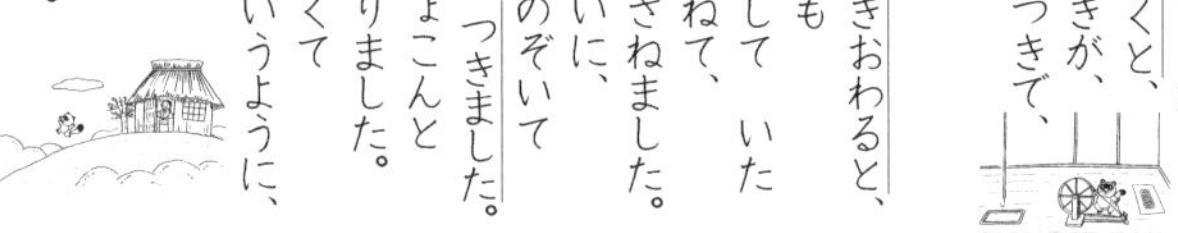

（令和六年度版　光村図書　こくご　一下　ともだち　きし　なみ）

● 上の　文を　よんで　こたえましょう。

(1) びっくりして　ふりむいたのは　だれですか。（20）

（おかみさん）

(2) ㋐そっと　のぞくと、たぬきは　なにを　して　いましたか。（20）

（糸を　つむいで　いるのでした。）

(3) たぬきは、㋑つむぎおわると、こんどは　なにを　しましたか。（20）

（いつも　おかみさんが　して　いた　とおりに、（糸を）たばねて、わきに　つみかさねました。）

(4) たぬきは、なにに　㋒気が　つきましたか。（20）

（おかみさんが　のぞいて　いるのに）

(5) たぬきは、なぜ　うれしくて　たまらないと　いうように　かえって　いったのですか。「たぬきの　糸車」を　よんで　おもった　ことを　かきましょう。（20）

（例）

（糸を　たくさん　つむいで　たすけて　くれた　おかみさんを　らくに　させて　あげる　ことが　できたから。）

52頁

日づけと　よう日

なまえ

(1) （　）に　日づけの　よみかたを　かきましょう。（5×9）

一月　一日《ついたち》

二月　二日《ふつか》

三月　三日《みっか》

四月　四日　（よっか）

五月　五日　（いつか）

六月　六日　（むいか）

七月　七日　（なのか）

八月　八日　（ようか）

九月　九日　（ここのか）

十月　十日　（とおか）

十一月　十一日　（じゅういちにち）

十二月　二十日《はつか》

(2) 日よう日から　じゅんばんに　かきましょう。□に　よう日を　かんじで　かきましょう。（　）に　よみかたを　かきましょう。（5×11）

（にち）日よう日

（げつ）月よう日

（か）火よう日

（すい）水よう日

（もく）木よう日

（きん）金よう日

（ど）土よう日

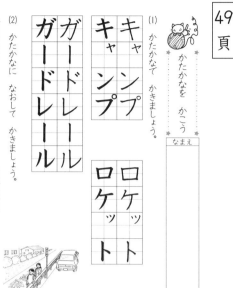

解答例

本書の解答は，あくまでもひとつの例です。児童に取り組ませる前に，必ず指導される方が問題を解いてください。指導される方の作られた解答をもとに，児童の多様な考えに寄り添って○つけをお願いします。

53頁

てがみで　しらせよう

なまえ

㋐

さかもと先生、おげんきですか。

わたしは、おんがくのじかんに、けんばんハーモニカのれんしゅうをしています。はじめて、さいしょからさいごまで、まちがえずにふけたときは、うれしかったです。

いつか、先生にきいてもらいたいです。

あべ　つぐみ

〈令和六年度版　光村図書　こくご　一下　「てがみで　しらせよう」による〉

(1) ① ㋐の　文は、つぐみさんが　かいた　てがみです。だれに　かいた　てがみですか。

（さかもと先生）

② つぐみさんは　さかもと先生に　しらせたいことが　三つ　あります。のこりの　二つを　かきましょう。

・（おんがくのじかんに、けんばんハーモニカの　れんしゅうを　していること。）

・（さいしょからさいごまで　まちがえずに　ふけたときは、うれしかったこと。）

・いつか、先生にきいてもらいたいこと。

(2) つぎの　文は　ひろきさんが　おじさんに　でんわで　はなした　ことです。――せんの　ことばに　きを　つけて、てがみで　しらせましょう。

〈でんわで　はなしたこと〉

おじさん、げんきかな。
ぼくは、このまえ、ひこうきの　もけいを　つくったよ。
とても　かっこよく　つくれたから、おじさんにも　みてほしいな。
また　あそびに　きてね。

〈てがみ〉

（おじさん）へ
おじさん、（おげんきですか。）
ぼくは、このまえ、ひこうきの　もけいを（つくりました。）
とても　かっこよく　つくれたから、おじさんにも
（みてほしいです。）
またあそびに（きてください。）
（ひろき）より

54頁

おかゆの　おなべ　(1)

なまえ

ある　日、女の子が　町の　そとに　出かけた　とき、おかあさんは　おなかが　すいたので、おなべに　むかって　いいました。

㋐「なべさん、なべさん。にて　おくれ。」

おなべは　ぐらぐらと　にえたち、おかゆが　うんじゃら　うんじゃら、出て　きました。

おかあさんは、おかゆを　たくさん　たべ、おなかが　いっぱいに　なりました。

けれども、おかあさんは、おなべを　とめようと　して、㋐はっと　しました。

いつも、おなべに　むかって　じゅもんを　いうのは、女の子の　やくめだったので、おかあさんは、とめる　ときの　じゅもんを、よく　しらなかったのです。

そこで、おかあさんは、「なべさん、なべさん。やめとくれ。」と　いって　みました。

〈令和六年度版　光村図書　こくご　一下　ともだち　さいとう　ひろし〉

● 上の　文を　よんで　こたえましょう。

(1) おかあさんは、なぜ　㋐と　いったのですか。

（おなかが　すいたので。）⑳

(2) おかあさんが　㋐と　いったのは　女の子が　なにを　した　ときでしたか。

（町の　そとに　出かけた　とき。）⑳

(3) おかあさんが　㋐はっと　したのは、なぜですか。

（おなべを　とめる　ときの　じゅもんを　よく　しらなかったから。）⑳

(4) おかあさんが　した　ことが、ただしい　じゅんに　なる　ように　（　）に　すうじを　かきましょう。⑳

（4）「なべさん、なべさん。やめとくれ。」と　いった。
（2）おかゆを　たくさん　たべ、おなかが　いっぱいに　なった。
（3）おなべを　とめようと　して、はっと　した。
（1）「なべさん、なべさん。にて　おくれ。」と　いった。

(5) いつも、おなべに　むかって　じゅもんを　いうのは、だれの　やくめでしたか。（女の子）⑳

55頁

おかゆの　おなべ　(2)

なまえ

そこで、おかあさんは「なべさん、なべさん。やめとくれ。」と　いって　みました。

もちろん、なべは　とまりません。

［㋐］、おかあさんは、「なべさん、なべさん。おわりだよ。」と　いって　みました。

やっぱり、なべは　とまりません。

その　ほか、おかあさんは、おもいつく　ままに、いろいろ　じゅもんらしい　ことを　いって　みました。けれども、どれも　まちがいだったので、おなべは、おかゆを　にるのを　やめませんでした。

ぐらぐら、ぐらぐら。

うんじゃら、うんじゃら。

おなべから、おかゆが　どんどん　出て　きます。やがて、うち中　おかゆだらけに　なりました。

それでも、おなべは　とまりません。

ぐらぐら、ぐらぐら。

うんじゃら、うんじゃら。

おかゆは、みちに　あふれ出ました。

［㋑］、おなべは　とまりません。

ぐらぐら、ぐらぐら。

うんじゃら、うんじゃら。

［㋒］、まわり中　おかゆだらけに　なり、それどころか、町は　おかゆに　うまって　しまいました。

〈令和六年度版　光村図書　こくご　一下　ともだち　さいとう　ひろし〉

● 上の　文を　よんで　こたえましょう。

(1) ［㋐］［㋑］［㋒］に　あてはまる　ことばを　えらんで、（　）に　㋐㋑㋒を　かきましょう。（15×3）

（　）はじめに
（㋑）それでも
（㋐）つぎに
（㋒）とうとう

(2) おかあさんは、なべを　とめる　ことが　できましたか。

（できませんでした。）⑳

(3) それどころか、町は　どう　なりましたか。

（おかゆに　うまって　しまいました。）⑳

(4) おかゆの　ようすが　ただしい　じゅんに　なる　ように　（　）に　すうじを　かきましょう。⑮

（1）おなべから、おかゆが　どんどん　出て　きた。
（5）町は　おかゆに　うまって　しまった。
（2）うち中　おかゆだらけに　なった。
（4）まわり中　おかゆだらけに　なった。
（3）おかゆは、みちに　あふれ出た。

56頁

かたつむりの　ゆめ　おいわい

なまえ

㋐
かたつむりの　ゆめ
かたつむり　でんきち

あのね　ぼく
ゆめの　なかでは　ね
ひかりのように　はやく
はしるんだよ

㋑
おいわい
にじ　ひめこ

きょうは
うれしい　ことが
ありましたので
のはらに
リボンを　かけました。

〈令和六年度版　光村図書　ともだち　一下　「のはらうた」くどう　なおこ〉

1 ㋐の　しを　よんで　こたえましょう。

(1) しの　だいめいは　なんですか。

（かたつむりの　ゆめ）⑩

(2) ぼくとは　だれの　ことですか。

（かたつむり（でんきち））⑳

(3) ぼくは　ゆめの　なかで　どのように　はしりますか。

（ひかりのように　はやく　はしる）⑳

2 ㋑の　しを　よんで　こたえましょう。

(1) この　しを　かいた　ひとの　なまえを　かきましょう。

（にじ　ひめこ）⑩

(2) いつの　おはなしですか。

（きょう）⑳

(3) なぜ　のはらに　リボンを　かけたのですか。

（うれしい　ことが　ありましたので）⑳

57頁

くわしく　きこう

なまえ

すきな　おはなしに　ついて、ともだちの　みきさん（わたし）が　はなしを　しています。

● つぎの　文を　よんで　こたえましょう。

㋐わたしが　すきな　おはなしは　「おおきな　かぶ」です。

あ おじいさんや、おばあさんや、まごや、さいごに　ねずみも　出て　きます。

い みんなで　かぶを　ひっぱる　ときに　いう　「うんとこしょ、どっこいしょ。」

う という　㋑かけごえが　たのしくて　すきです。

(1) ㋐わたし（みきさん）が　すきな　おはなしは　なんですか。（20）

（おおきな　かぶ）

(2) ㋑かけごえは、どんな　ときに　いいますか。（20）

（みんなで　かぶを　ひっぱる　とき。）

(3) ㋐わたしは、おはなしの　どんな　ところが　たのしいと　いって　いますか。○を　つけましょう。（15）

（　）おばあさんが　でて　くる　ところ。

（○）「うんとこしょ、どっこいしょ。」という　かけごえ。

(4) つぎの①～③の　ことは　上の　文の　どの　ぶぶんに　かいて　ありますか。あいうで　こたえましょう。（15×3）

①（い）おはなしには、だれが　出てきますか。

②（う）おはなしの　どんな　ところが　たのしいと　いって　いますか。

③（あ）わたしが　すきな　おはなしは　なんですか。

58頁

ことばで　あそぼう

なまえ

(1) 〈れい〉のように　一字　ふやして　ことばを　へんしんさせましょう。

（例）

〈れい〉さい　→　さいふ

① くし　→　つくし

② たい　→　たいこや

③ かめ　→　わかめ

④ うし　→　ぼうし

(2) 〈れい〉の　ように　一字　ふやして　ことばを　へんしんさせましょう。

（例）

〈れい〉いか　→　いるか

① さら　→　さくら

② たき　→　たぬき

③ くま　→　くるま

④ つえ　→　つくえ

(3) 〈れい〉の　ように　二字　ふやして　ことばを　へんしんさせましょう。

（例）

〈れい〉たい（上に　ふやす）→　こうたい

① たい（下に　ふやす）→　たいいく

② さい（下に　ふやす）→　さいころ

③ たけ（下に　ふやす）→　たけのこ

④ たけ（上に　ふやす）→　しいたけ

(4) 「゛」を　つけて　ことばを　へんしんさせましょう。

① たい　→　だい

② まと　→　まど

③ ふた　→　ぶた

④ こま　→　ごま

59頁

どうぶつの　赤ちゃん　(1)

なまえ

しまうまの　赤ちゃんは、生まれた　ときに、もう　やぎぐらいの　大きさが　あります。目は　あいて　いて、耳も　ぴんと　立って　います。しまの　もようも　ついて　いて、おかあさんに　そっくりです。

しまうまの　赤ちゃんは、生まれて　三十ぷんも　たたない　うちに、じぶんで　立ち上がります。そして、つぎの　日には、はしるように　なります。

（令和六年度版　光村図書　こくご　一下　ともだち　ますい　みつこ）

● 上の　文を　よんで　こたえましょう。

(1) しまうまの　赤ちゃんが　生まれた　ときの　ようすに　ついて　まとめましょう。

① 大きさは　どれぐらいですか。（20）

（やぎぐらい）

② 目や　耳は　どのような　ようすですか。（10×2）

・目（あいている）

・耳（（ぴんと）立っています）

(2) つぎの　文で　ただしいものに　○を、まちがえているものに　×を　つけましょう。（10×6）

（×）生まれた　ときは、りすぐらいの　大きさです。

（○）目は　あいて　いて、耳も　ぴんと　立って　います。

（×）しまの　もようは　ついて　いません。

（○）おかあさんに　そっくりです。

（○）生まれて　三十ぷんも　たたない　うちに　じぶんで　立ち上がります。

（×）なん日も　たってから　やっと　はしります。

60頁

どうぶつの　赤ちゃん　(2)

なまえ

しまうまの　赤ちゃんは、生まれて　三十ぷんも　たたない　うちに、じぶんで　立ち上がります。そして、つぎの　日には、はしるように　なります。だから　つよい　どうぶつに　おそわれても、おかあさんや　なかまと　いっしょに　にげる　ことが　できるのです。

しまうまの　赤ちゃんが、おかあさんの　おちちだけ　のんで　いるのは、たった　七日ぐらいの　あいだです。その　あとは、おちちも　のみますが、じぶんで　草も　たべるように　なります。

（令和六年度版　光村図書　こくご　一下　ともだち　ますい　みつこ）

● 上の　文を　よんで　こたえましょう。

(1) しまうまの　赤ちゃんは、三十ぷんも　たたない　うちに、なにを　しますか。（20）

（じぶんで　立ち上がります。）

(2) しまうまの　赤ちゃんは、はしる　ように　なると、どんな　ことが　できますか。（20）

（つよい　どうぶつに　おそわれても　おかあさんや　なかまと　いっしょに　にげる　ことが　できる。）

(3) 生まれて　七日ぐらいの　あいだの　しまうまの　赤ちゃんは　どんな　ようすですか。一つに　○を　つけましょう。（20）

（　）草だけを　たべる。

（○）おかあさんの　おちちだけを　のんでいる。

（　）おちちも　のむが、草も　たべるように　なる。

(4) 生まれて　七日ぐらいたった　あとの　しまうまの　赤ちゃんは　なにを　たべますか。二つ　かきましょう。（20×2）

（おちち）（草）

61頁　ものの　名まえ

なまえ

㋐はじめの　おみせには、
りんご、みかん、バナナなどが、
ならんで　います。ふたりは、
五百円で　りんごを
かいました。
　この　おみせは、
なにやさんでしょう。

㋑つぎに、さかなやさんに
いきました。あじ、さば、
たいなどが、ならんで　います。
　けんじさんが、
「さかなを　ください。」と
いって、千円さつを
出しました。
おみせの　おじさんは、
「さかなじゃ　わからないよ。」
と、わらいながら　いいました。
おじさんは、なぜ、
「わからないよ。」と
いったのでしょう。

（令和六年度版　光村図書　こくご　一下　ともだち　「ものの　名まえ」による）

● 上の　文を　よんで　こたえましょう。

(1) ㋐はじめの　おみせは　なにやさんですか。（くだものやさん）⑳

(2) ㋑つぎの　おみせは　なにやさんですか。（さかなやさん）⑳

(3) おじさんは、なぜ「わからないよ。」と　いったのですか。

（例）（あじ、さば、たいなどの、ひとつ　ひとつの　さかなの　名まえを　いわなかったから。）⑳

(4) つぎの　えの　ものを　うっている　おみせは、なんの　おみせですか。（20×2）

① 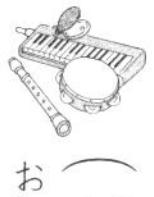（がっき）の　おみせ。

② （はな）の　おみせ。

62頁　わらしべ　ちょうじゃ

なまえ

　男《おとこ》は馬《うま》にのって、先《さき》へすすみました。
そのうちに、大《おお》きなやしきの前《まえ》を
通《とお》りかかりました。
　やしきの中《なか》から
その家《いえ》のしゅじんが、
手《て》をふりながら
出《で》てきました。
「おうい、その馬《うま》をくれないか。
今《いま》から、たびに出《で》るので、馬《うま》が
ひつようなのだ。そうだ、わたしの
かわりに、このやしきにすんでくれ。
もし、わたしが、いつまでたっても
もどってこなかったら、やしきは
あなたにさしあげよう。」
　男《おとこ》はおどろきましたが、言われた
とおり、馬《うま》をわたしました。そして、
そのまま、やしきでくらしました。
　たびに出《で》たしゅじんは、
何年《なんねん》たっても帰《かえ》ってきませんでした。
やがて、やしきは、男《おとこ》のものに
なりました。
　わらしべがみかんになり、みかんが
ぬのになり、ぬのが馬《うま》になり、馬《うま》が
やしきになったのです。それで、
人《ひと》びとは、男《おとこ》のことを、わらしべ
ちょうじゃとよぶようになりました。

（令和六年度版　光村図書　こくご　一下　ともだち　はちかい　みみ）

● 上の　文を　よんで　こたえましょう。

(1) 男《おとこ》は　どこを　通《とお》りかかりましたか。（大きな　やしき）の前《まえ》 ⑳

(2) 手《て》を　ふりながら　出《で》て　きたのは　だれですか。（（その　家の）しゅじん）⑳

(3) なぜ　やしきは　男《おとこ》の　ものに　なったのですか。〇を　つけましょう。⑳

（　）やしきの　中《なか》から、その家《いえ》の　しゅじんが　出《で》てきたから。

（〇）たびに　出《で》た　しゅじんが、何年《なんねん》たっても　帰《かえ》って　こなかったから。

(4) つぎの　えが、おはなしの　じゅんに　なるように、〇に　ばんごうを　かきましょう。（10×4）

63頁　かたかなの　かたち

なまえ

(1) かたちに　気を　つけて、かたかなで　かきましょう。

① か→カ　② き→キ　③ せ→セ　④ へ→ヘ
⑤ も→モ　⑥ や→ヤ　⑦ り→リ　⑧ を→ヲ

(2) かたちに　気を　つけて、かたかなで　かきましょう。

① シ―ツ　② ス―ヌ　③ ソ―ン―リ
④ マ―ア　⑤ ワ―ク

(3) かたちに　気を　つけて、かたかなで　かきましょう。

① タヌキ
② ソース
③ カブトムシ
④ パン
⑤ シャツ

(4) かたちに　気を　つけて、かたかなで　かきましょう。

① キャンプ
② ガラス
③ カヌー
④ クリスマス
⑤ スコップ
⑥ ミシン

64頁　ことばあそびを　つくろう

なまえ

(1) 〈れい〉の　ように（　）に　どうぶつの　なまえを　かきましょう。

〈れい〉さいふの　なかには、（さい）が　いる。
① れいぞうこの　なかには、（ぞう）が　いる。
② かばんの　なかには、（かば）が　いる。
③ わかめの　なかには、（かめ）が　いる。
④ すいかの　なかには、（いか）が　いる。
⑤ ぶたいの　なかには、（ぶた・たい）が　いる。
⑥ わかばの　なかには、（かば）が　いる。
⑦ いわしの　なかには、（わし）が　いる。
⑧ ぼうしの　なかには、（うし）が　いる。

(2) 〈れい〉の　ように（　）に　あう　ことばを　かきましょう。

〈れい〉ふくろの　なかには、（くろ）が　ある。
① はたけの　なかには、（はた・たけ）が　ある。
② きつつきの　なかには、（つき・つつ）が　ある。
③ つくしの　なかには、（くし）が　ある。
④ みかんの　なかには、（かん）が　ある。
⑤ せんすいかんの　なかには、（せんす・すいか・かん）が　ある。
⑥ すいえいの　なかには、（いえ）が　ある。
⑦ パンダの　なかには、（パン）が　ある。
⑧ プリントの　なかには、（プリン）が　ある。

65頁

これは、なんでしょう

なまえ

(1) ともだちが つぎの もんだいを 出しました。こたえを かんがえて かきましょう。

① これは、なんでしょう。
・まるいかたちを して います。
・いつも うごいています。
・すうじが かいて あります。
・じかんが わかります。

（とけい）

② これは、なんでしょう。
・字を けすときに つかいます。
・つかうと、だんだん ちいさく なります。

（けしごむ）

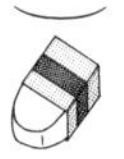

③ これは、なんでしょう。
・人の あたまに のせて つかいます。
・あつい ときや さむい ときに、あたまや からだを まもります。

（ぼうし）

(2) ともだちが つぎの あの もんだいを 出しました。

あ これは、なんでしょう。
・たべものを たべる ときに つかいます。
・手で もって つかいます。
・ほそい ぼうの ような ものです。

① こたえを みつけるために、どんな ことを きくと いいですか。二つ えらんで ○を つけましょう。

（　）よるごはんは、なにを たべたいですか。

（○）どんな たべものを たべる ときに つかいますか。

（　）きょうの あさごはんは、だれが つくりましたか。

（○）なん本で つかいますか。

② あの もんだいの こたえは なんですか。

（はし）

65

66頁

ずうっと、ずっと、大すきだよ (1)

なまえ

教科書《きょうかしょ》

〔エルフの ことを はなします。…〕
〜
〔…いわなくっても、わかると おもって いたんだね。〕
までの ぶんしょうを よんで こたえましょう。

(1) おはなしの じゅんに なるように、□に 1〜4の ばんごうを、かきましょう。

(2) エルフは どんな 犬でしたか。

せかいで いちばん（すばらしい）犬

(3) おはなしを よんで、あっている ものには ○を、まちがっている ものには ×を つけましょう。

（○）ぼくより エルフの ほうが 早く 大きく なった。

（×）にいさんと、ぼくと、いもうとは、みんな エルフと いっしょに ゆめを みた。

（×）エルフが わるさを すると ぼくだけが エルフを おこった。

（○）みんなは エルフのことが 大すきだった。

（×）みんな エルフに すきだといって やった。

(4) ぼくの かぞくが エルフに、すきだと いって やらなかったのは、なぜですか。

（いわなくっても、わかる）と おもって いたから。

66

67頁

ずうっと、ずっと、大すきだよ (2)

なまえ

教科書《きょうかしょ》

〔いつしか、ときが たって いき、…〕
〜
〔…よるの あいだに しんだんだ。〕
までの ぶんしょうを よんで こたえましょう。

(1) おはなしの じゅんに なるように □に 1〜4の ばんごうを かきましょう。

(2) 「ぼくは、とても しんぱいした。」と ありますが、なにを しんぱい しましたか。

（ねて いる ことが おおく なり さんぽを いやがるように なったこと）

(3) エルフを じゅういさんに つれていった とき、じゅういさんは なんと いいましたか。

（エルフは、年を とったんだよ。）

(4) ぼくが、ねる まえに、エルフに かならず やった ことは どんな ことですか。

やわらかい（まくら）を やって、ねる まえには、かならず（エルフ、ずうっと、大すきだよ。）って、いって やった。

(5) エルフは いつ しんだのですか。

（よるの あいだ）

67

68頁

ずうっと、ずっと、大すきだよ (3)

なまえ

教科書《きょうかしょ》

〔ぼくたちは、エルフを にわに…〕
〜
〔…きっと いって やるんだ。「ずうっと、ずっと、大すきだよ。」って。〕
までの ぶんしょうを よんで こたえましょう。

(1) ぼくたちは エルフを にわに うめた あと、みんなで なにを しましたか。

（ないて かたを だきあった。）

(2) (1)の とき、みんなは どんな 気もちでしたか。○を つけましょう。

（　）うれしい
（○）かなしい
（　）おどろいた

(3) ぼくが いくらか 気もちが らくだったのは なぜですか。

まいばん エルフに、「（ずうっと、大すきだよ。）」って、いって やって いたから。

(4) となりの 子は、なにを くれると いいましたか。

（子犬）

(5) なぜ、ぼくは、いらないと いったのですか。あなたの おもった ことを かきましょう。

（例）
（エルフのことが 子犬より ずうっと、すきだと おもったから。）

(6) ぼくは、なにを かっても、まいばん、きっと なんと いって やるのですか。

（エルフの ことを いつも おもい出しながら）
（ずうっと、ずっと 大すきだよ。）

68

解答例

本書の解答は，あくまでもひとつの例です。児童に取り組ませる前に，必ず指導される方が問題を解いてください。指導される方の作られた解答をもとに，児童の多様な考えに寄り添って○つけをお願いします。

69頁

にて いる かん字

なまえ

(1) かきじゅんの 正しい ほうに ○を つけましょう。(4×4)

① 右 （○）ノナ右　（ ）一ナ右

② 左 （ ）ノナ左　（○）一ナ左

③ 土 （ ）一十土　（○）一十土

④ 上 （○）｜ト上　（ ）一ト上

(2) つぎの にて いる かん字で、正しい ほうに ○を つけましょう。(4×3)

① テレビを {（○）見　（ ）貝} る。

② あさ {（ ）草　（○）早} くおきる。

③ {（ ）中　（○）虫} を かう。

(3) にて いる かん字に 気を つけて かきましょう。(4×18)

① 右《みぎ》足で、石《いし》を ひろう。

② 人《ひと》が、へやに 入《はい》る。

③ 木《き》の下で、本《ほん》を よむ。

④ 大《おお》きな 犬《いぬ》が きた。

⑤ 林《はやし》の まえに 村《むら》が ある。

⑥ 土《つち》を もり上《あ》げる。

⑦ 学《がっ》校で 字《じ》を ならう。

⑧ 王《おう》さまが 玉《たま》のりを する。

⑨ 十五日《にち》目《め》の あさ。

69

70頁

いい こと いっぱい、一年生

なまえ

あ がんばった玉入れ

一年二くみ あべ つぐみ

五月のうんどうかいで、玉入れをがんばりました。

おなじチームの二年生が、

「かごのちかくにいってなげるといいよ。」

と、おしえてくれました。やってみると、たくさん入りました。

らいねんは、わたしが一年生におしえてあげようとおもいます。

（令和六年度版 光村図書 こくご 一下 ともだち「いい こと いっぱい、一年生」より）

い どうぶつえんにいった

一年三くみ 本田 ひろき

えんそくで、どうぶつえんにいきました。

林くんは、ゴリラを見て

「つよそうだな。」

と、いいました。

小川さんは、きりんを見て

「くびが、すごく ながい。」

と、いいました。

たのしかったので、また、いきたいなあ、とおもいました。

● あの 文を よんで こたえましょう。

(1) なにに ついて かいて いますか。(10×2)

（五月の）うんどうかい）で（玉入れ）を がんばったこと。

(2) おなじチームの二年生は、なんといいましたか。(10)

（かごのちかくにいってなげるといいよ。）

(3) おもった ことを かいて いる 文を かきましょう。(15)

（らいねんは、わたしが一年生におしえてあげようとおもいます。）

● いの 文を よんで こたえましょう。

(1) なにに ついて かいて いますか。(10×2)

（えんそく）で（どうぶつえん）にいったこと

(2) 林くんと、小川さんが いった ことを かきましょう。(10×2)

・林くん（つよそうだな。）

・小川さん（くびが、すごく ながい。）

(3) おもった ことを かいて いる 文を かきましょう。(15)

（たのしかったので、また、いきたいなあ、とおもいました。）

70

71頁

かんじよみ　かん字① よみ

なまえ

● ——せんの よこに よみがなを かきましょう。

① 木《き》　② 大《おお》きい　③ 小《ちい》さい　④ 子《こ》どもたち

⑤ 空《そら》　⑥ 先生《せんせい》　⑦ 男《おとこ》の子　⑧ 女《おんな》の子　⑨ 手《て》

⑩ 天《てん》　⑪ 青《あお》い　⑫ 文《ぶん》しょう　⑬ 字《じ》　⑭ 正《ただ》しい

⑮ 見《み》せる　⑯ 学校《がっこう》　⑰ 虫《むし》　⑱ 山《やま》　⑲ 水《みず》

⑳ 雨《あめ》　㉑ 上《うえ》　㉒ 下《した》　㉓ 日《ひ》がのぼる

㉔ 火《ひ》をけす　㉕ 田《た》んぼ　㉖ 川《かわ》　㉗ 竹《たけ》　㉘ 月《つき》

㉙ 一《いち》　㉚ 二《に》　㉛ 三《さん》　㉜ 四《よん し》　㉝ 五《ご》

㉞ 六《ろく》　㉟ 七《しち なな》　㊱ 八《はち》　㊲ 九《きゅう く》　㊳ 十《じゅう》

71

72頁

かんじかき　かん字① かき

なまえ

● □に かん字を かきましょう。

① 木《き》　② 大《おお》きい　③ 小《ちい》さい　④ 子《こ》どもたち

⑤ 空《そら》　⑥ 先生《せんせい》　⑦ 男《おとこ》の子　⑧ 女《おんな》の子　⑨ 手《て》

⑩ 天《てん》　⑪ 青《あお》い　⑫ 文《ぶん》しょう　⑬ 字《じ》　⑭ 正《ただ》しい

⑮ 見《み》せる　⑯ 学校《がっこう》　⑰ 虫《むし》　⑱ 山《やま》　⑲ 水《みず》

⑳ 雨《あめ》　㉑ 上《うえ》をむく　㉒ 下《した》をむく　㉓ 日《ひ》がのぼる

㉔ 火《ひ》をけす　㉕ 田《た》んぼ　㉖ 川《かわ》　㉗ 竹《たけ》　㉘ 月《つき》

㉙ 一《いち》　㉚ 二《に》　㉛ 三《さん》　㉜ 四《よん し》　㉝ 五《ご》

㉞ 六《ろく》　㉟ 七《しち なな》　㊱ 八《はち》　㊲ 九《きゅう く》　㊳ 十《じゅう》

72

本書の解答は，あくまでもひとつの例です。児童に取り組ませる前に，必ず指導される方が問題を解いてください。指導される方の作られた解答をもとに，児童の多様な考えに寄り添って〇つけをお願いします。

解答例

73頁

● ——せんの よこに よみがなを かきましょう。

じどう車　しゃ
人　ひと
気をつける　き
糸　いと
めだま　目玉
むら　村
しろ　白い
どま　土間
おと　音
はな　花
やす　休み
むし　虫
かね　お金
ほん　本
なつ　なっ
もり　森
まち　町
はい　入る
あか　赤ちゃん
みみ　耳
おう　王さま
なか　中
くち　口
いちねん　一年
た　立つ
くさ　草
な　名まえ
ゆう　夕がた
ごひゃくえん　五百円
せんえん　千円さつ
いぬ　犬
かい　貝
はやし　林
みぎあし　右足
はや　早い
いし　石
ひだり　左
ちから　力

74頁

● □に かん字を かきましょう。

車　しゃ
人　ひと
気をつける　き
糸　いと
じどう
目玉　めだま
村　むら
白い　しろ
土間　どま
音　おと
花　はな
休み　やす
虫　むし
金　かね
本　ほん
なっ　なつ
森　もり
町　まち
入る　はい
赤ちゃん　あか
耳　みみ
王さま　おう
中　なか
口　くち
一年　いちねん
立つ　た
草　くさ
名まえ　な
夕がた　ゆう
五百円　ごひゃくえん
千円さつ　せんえん
犬　いぬ
貝　かい
林　はやし
右足　みぎあし
早い　はや
石　いし
左　ひだり
力　ちから

75頁

(1) ——せんに よこに よみがなを かきましょう。

あたまの先　さき
つり上げる　あ
いとぐるま　糸車
下りる　お
うち中　じゅう
生まれる
だ　出す
年をとる　とし
もじ　文字
たまい　玉入れ
かわしも　川下
じゅういちがつ　十一月
かいだんを上る　のぼ

(2) 日づけの よみかたゆ よみがなを かきましょう。

ついたち　一日
ふつか　二日
みっか　三日
よっか　四日
なのか　七日
よう か　八日
いつか　五日
むいか　六日
ここのか　九日
とおか　十日

(3) ものを かぞえる ときの よみかた よみがなを かきましょう。

ひと　一つ
ふた　二つ
みっ　三つ
よっ　四つ
いつ　五つ
むっ　六つ
なな　七つ
やっ　八つ
ここの　九つ
とお　十

76頁

● □に かん字を かきましょう。

先　さき
上げる　あ
糸車　いとぐるま
下りる　お
中　じゅう
生まれる　う
出す　だ
年　とし
文字　もじ
玉入れ　たまい
川下　かわしも
十一月　じゅういちがつ
上る　のぼ

一日　ついたち
二日　ふつか
三日　みっか
四日　よっか
五日　いつか
六日　むいか
七日　なのか
八日　よう か
九日　ここのか
十日　とうか

一つ　ひと
二つ　ふた
三つ　みっ
四つ　よっ
五つ　いつ
六つ　むっ
七つ　なな
八つ　やっ
九つ　ここの
十　とお

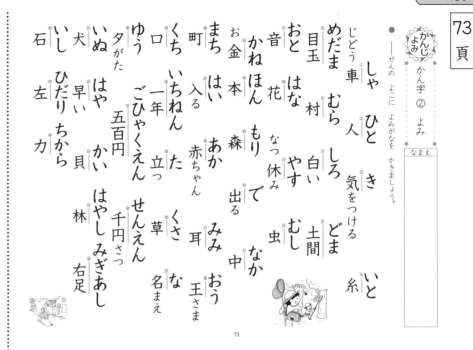

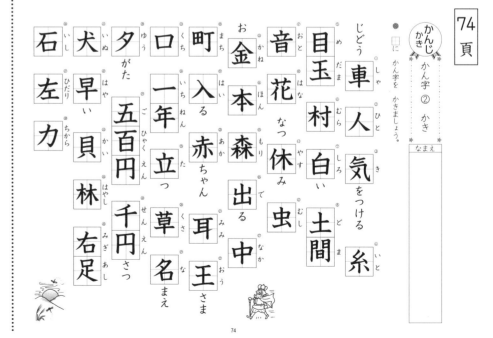

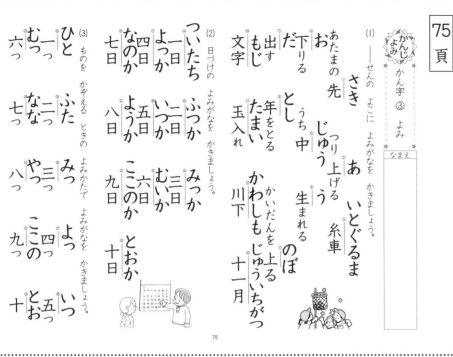

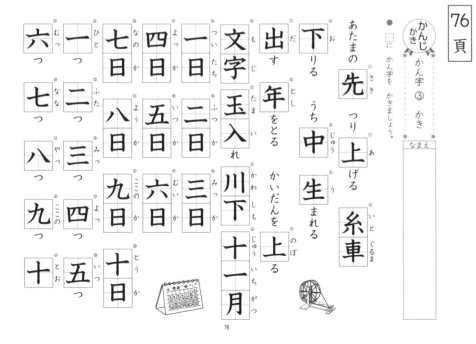

解答例

本書の解答は，あくまでもひとつの例です。児童に取り組ませる前に，必ず指導される方が問題を解いてください。指導される方の作られた解答をもとに，児童の多様な考えに寄り添って○つけをお願いします。

77頁

かんじかき

かん字　まとめ

なまえ

● □に　かん字を　かきましょう。

一年生《いちねんせい》　二《に》　三《さん》　四《よん し》　五《ご》　六《ろく》　七《しち なな》

八《はち》　九《きゅう》　十《じゅう じっ》　百円玉《ひゃくえんだま》　千円《せんえん》さつ　月《げつ》

火《か》　水《すい》　木《もく》　金《きん》　土《ど》　日《にち》　上《うえ》と下《した》

右《みぎ》と左《ひだり》　出《で》る　入《はい》る　大《おお》きい　中《ちゅう》ぐらい

小《ちい》さい　青《あお》　赤《あか》　白《しろ》　男《おとこ》の子《こ》　女《おんな》の子《こ》

手《て》　足《あし》　目《め》　耳《みみ》　口《くち》　天《てん》と空《そら》　森《もり》と林《はやし》

山《やま》と川《かわ》　草《くさ》　花《はな》　石《いし》　町《まち》と村《むら》　学校《がっこう》

先生《せんせい》　名《な》まえ　正《ただ》しい字《じ》　本《ほん》　文《ぶん》　糸《いと》

夕《ゆう》やけ　気《き》もち　雨《あめ》の音《おと》　だいに立《た》つ　王《おう》さま

人《ひと》　犬《いぬ》　虫《むし》　車《くるま》　貝《かい》がら　竹《たけ》　田《た》んぼ

玉入《たまい》れ　早《はや》い　力《ちから》もち　休《やす》む　見《み》る

77

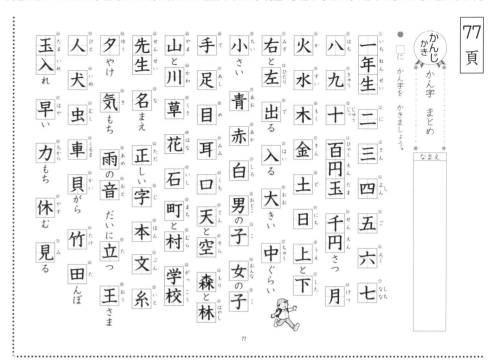

改訂版 教科書にそって学べる
国語教科書プリント　1年　光村図書版

2024年3月15日　第1刷発行

企画・編著：原田 善造　他10名
イラスト：山口 亜耶　他
装　　丁：寺嵜　徹　デザイン制作事務所
装丁イラスト：山口 亜耶　鹿川 美佳

発行者：岸本 なおこ
発行所：喜楽研（わかる喜び学ぶ楽しさを創造する教育研究所）
〒604-0854 京都市中京区二条通東洞院西入仁王門町26番地1
TEL：075-213-7701　FAX：075-213-7706
印刷：株式会社イチダ写真製版

ISBN：978-4-86277-481-1　★